Schön und gesund durch heilende Kräuter

Helga und Hans E. Laux

Schön und gesund durch heilende Kräuter

Sammeln und Anwenden

Kosmos
Gesellschaft der Naturfreunde
Franckh'sche Verlagshandlung
Stuttgart

Mit 107 Ektachrome-Farbfotos von Hans
E. Laux und 20 Schwarzweißzeichnungen
von Marianne Golte-Bechtle

Umschlag von Edgar Dambacher
unter Verwendung zweier Aufnahmen
von Gesine Assmus

Cip-Kurztitelaufnahme der Deutschen Bibliothek

Laux, Helga:
Schön und gesund durch heilende Kräuter :
Sammeln u. Anwenden / Helga u. Hans E.
Laux. – Stuttgart : Franckh, 1984.
  ISBN 3-440-05318-0
NE: Laux, Hans E.:

Franckh'sche Verlagshandlung,
W. Keller & Co., Stuttgart / 1984
© 1984, Franckh'sche Verlagshandlung,
W. Keller & Co., Stuttgart
Printed in Italy / Imprimé en Italie
LH 14 Ste / ISBN 3-440-05318-0
Satz: G. Müller, Heilbronn
Herstellung: Grafiche Muzzio, Padua/Italien

Schön und gesund durch heilende Kräuter

Einleitung 7
Hinweise zur Benutzung dieses Buches 8
Verwendete Symbole und Abkürzungen . . . 9
Ratschläge für das Kräutersammeln 10
Anbau im Garten 11
Sammelkalender 12
Über das Trocknen der Heilkräuter 14
Zubereitungsmöglichkeiten 15
Selbstmedikation 16
Heilkräuter von A bis Z 17
Giftpflanzen von A bis Z 130

Verzeichnis unserer wichtigsten
Giftpflanzen 132
Was müssen wir im Vergiftungsfall tun? 133
Anschriften der Informationszentralen
für Vergiftungsfälle in der
Bundesrepublik Deutschland 134
Literaturhinweise 151
Register der Heilpflanzen 152
Register der wichtigsten Giftpflanzen 155
Register der Rezepturen 156

Einleitung

Heilkräuter erfreuen sich seit einigen Jahren wieder besonderer Beliebtheit. Je mehr unser Leben vom Fortschritt geprägt wird, umso mehr Menschen besinnen sich wieder auf eine natürliche Lebensweise und naturbelassene Nahrung. So findet auch alles was Wald und Flur an Kräutern, Früchten und Pilzen bieten, wieder unsere Aufmerksamkeit. Viele naturverbundene Menschen suchen beim Sammeln der Wildpflanzen und bei der Gartenarbeit Erholung und Entspannung. Sie bereiten sich wieder ihren eigenen Haustee und leben in der Gewißheit, für die Gesundheit des Körpers und seiner Organe etwas Gutes zu tun. Der Bedarf an Drogen kann schon lange nicht mehr durch Sammeln von Wildpflanzen gedeckt werden. Die Arzneipflanzen des Handels werden nach modernen, landwirtschaftlichen Methoden angebaut. Gartenfreunde legen wieder ihr Heilkräutergärtlein wie zu Großmutters Zeiten an. Viele Leute züchten ihren Bedarf auch in Töpfen und kleinen Containern auf dem Balkon. Diesem Interesse für den Eigenbau wollen wir gerecht werden und haben dem Heilkräuteranbau in unserem Buch einen breiten Platz eingeräumt.

Unsere Vorliebe für gesunde Heilpflanzen darf aber nicht zur unkontrollierten Selbstbehandlung führen. Im Krankheitsfall muß immer der Arzt befragt werden, der seine Therapie mit Heilkräutern unterstützen kann. Jede spektakuläre Anpreisung von Heilpflanzen als Wunderdrogen ist irreführend und abzulehnen. Besonders wichtig ist die richtige Zubereitung der Rezepturen. Wir haben eine große Zahl erprobter Rezepte in diesem Buch zusammengestellt, damit Sie Tees, Umschläge, Tinkturen und Bäder für Ihre Gesundheit und Schönheit richtig zubereiten können.

Hinweise zur Benutzung dieses Buches

Die Heilkräuter sind nach ihren deutschen Namen in alphabetischer Reihenfolge geordnet. Sofern nötig, sind weitere, bekannte volkstümliche Namen aufgeführt. Jede Heilpflanze ist neben einem Foto kurz beschrieben. Nach der **Blütezeit** folgt ein Hinweis, wo die Wildpflanzen anzutreffen sind. Unter **Verbreitung** ist das Vorkommen in Europa oder anderen Kontinenten erwähnt – ein Hinweis, der für die botanisch Interessierten aufgenommen wurde. Die verwendbaren **Pflanzenteile** sind natürlich für unsere Leser besonders wichtig. Mit Symbolen wird auf die verwendbaren Pflanzenteile aufmerksam gemacht. Ebenso bedeutend ist die **Ernte- bzw. Sammelzeit.** Unsere jahreszeitlichen Hinweise können sich nach Witterung, klimatischer Lage und besonders beim Anbau im eigenen Garten nach Pflanzzeit etwas verschieben. Unter **Inhaltsstoffe** sind die wirksamen Bestandteile beschrieben. Unter **Anwendung** finden Sie zunächst Hinweise für die Gesundheit, dann folgen Kräuterkosmetik, Homöopathie oder andere, z. B. technische Verwendungen der Drogen.

Bei allen wichtigen Heilpflanzen, die in der Natur selten oder aus klimatischen Gründen gar nicht anzutreffen sind, haben wir dem **Anbau im Kräutergarten** einen breiten Platz eingeräumt. Zu jeder Pflanze sind schließlich erprobte und zum Teil altbewährte Rezepte für deren Anwendung zur Gesundheit und Schönheit gegeben.

Am Schluß des Buches befindet sich ein Kapitel über die gefährlichsten **Giftpflanzen.** Wer Heilkräuter sammelt, sollte die giftigen Arten sicher kennen oder sein Sammelgut von einem Fachmann bestimmen lassen. Selbstmedikation mit Giftpflanzen ist verboten – auch wenn ihre Wirkstoffe in richtiger Zubereitung in der Hand des Arztes wertvollste Arzneimittel sind.

Verwendete Symbole und Abkürzungen

Verwendbare Pflanzenteile

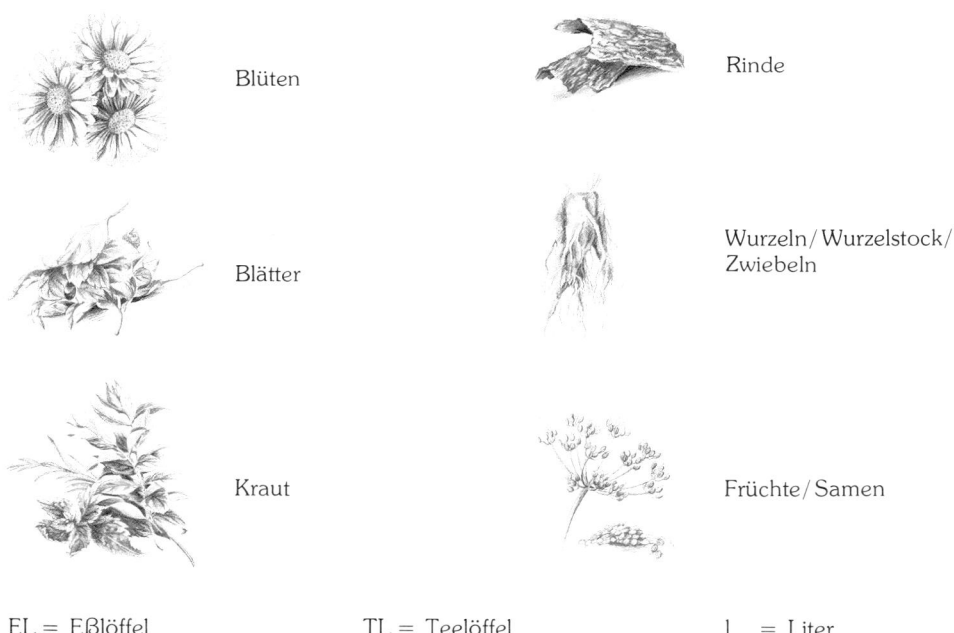

Blüten

Rinde

Blätter

Wurzeln/Wurzelstock/
Zwiebeln

Kraut

Früchte/Samen

EL = Eßlöffel   TL = Teelöffel   l = Liter

Ratschläge für das Kräutersammeln

Nehmen Sie immer nur Pflanzen, die Sie ganz sicher kennen. Im Zweifelsfall läßt man sie stehen, oder nimmt ein Exemplar zur Bestimmung mit. Bekanntlich ist unsere Natur durch schädliche Umwelteinflüsse stark belastet. Wir sammeln deshalb nur Wildkräuter an staubfreien und ungedüngten Plätzen, abseits von stark befahrenen Straßen.

Viele Arten wie Brennessel, Spitzwegerich, Löwenzahn, Huflattich, Himbeere und Brombeere wachsen überall in großen Mengen und können bedenkenlos eingesammelt werden. Bei seltenen Arten empfehlen wir zum Schutz unserer Wildflora den Anbau im Kräutergarten. (Samen und Jungpflanzen erhält man in Fachgeschäften.) Geschützte Arten dürfen nicht gesammelt werden! Wir haben aus diesem Grund in unserem Buch nur ganz wenige unter Schutz stehende Pflanzen aufgenommen. In Naturschutzgebieten ist das Sammeln grundsätzlich verboten! Durch das Graben der Wurzeln und Wurzelstöcke wird jede Pflanze vernichtet. Wurzeln von Baldrian, Klette, Eibisch und Blutwurz kauft man mit Rücksicht auf unsere Flora am besten im Fachhandel. Die Drogen des Handels stammen aus Kulturen. Die verbreitete Meinung, in freier Natur gewachsene Heilkräuter seien wirksamer als Pflanzen aus Kulturen, ist längst widerlegt.

Wir sammeln immer nur gesunde, keine alten, schimmeligen oder von Insekten befallene Pflanzen. Sofern nötig, säubern und verlesen wir das Sammelgut an Ort und Stelle und legen es in luftdurchlässige Körbchen. Plastikbeutel sind weniger geeignet, weil empfindliche Pflanzenteile darin schnell verderben. Blüten sind besonders empfindlich. Geringe Feuchtigkeitsreste führen zu Verfärbungen oder zum Verderb der Drogen. Samen und Früchte müssen gut ausgereift sein. Wurzeln und Wurzelstöcke gräbt man am besten im Spätsommer oder Herbst.

Anbau im Garten

Eine Kräuterecke im Garten mit Würz- und Heilpflanzen für den eigenen Bedarf war zu Großmutters Zeiten eine Selbstverständlichkeit. Was man damals an Kräutern und Früchten für den sofortigen Bedarf benötigte, hat man im Garten angepflanzt oder von wildwachsenden Pflanzen gesammelt. Eine kleine „Kräuter-Apotheke" gehörte in jeden Haushalt. Das Wissen um die Heilwirkung der Kräuter wurde von früheren Generationen übernommen und gepflegt.

Je mehr unser Leben heute vom Konsumverhalten geprägt wird, umso größer wird wieder unser Interesse an natürlicher Lebensweise, an naturbelassenen Lebensmitteln wie Wildkräutern, Beeren und Pilzen. So werden wieder viele in Vergessenheit geratene Heilpflanzen in den Garten gepflanzt. Diese Entwicklung kommt auch unseren Wildpflanzen zugute. Sie finden wieder gebührende Beachtung und Wertschätzung. Die Menschen haben wieder größeres Verständnis für deren Erhaltung und Schutz. Vielleicht trägt ab und zu auch ein Gartenflüchtling zur Bereicherung unserer Wildflora bei.

Eine Reihe wärmeliebender Arten kommt bei uns ohnehin nur in gärtnerischer Pflege durch. Es handelt sich dabei um die aromatischen Arten aus dem Mittelmeerraum: Salbei, Lavendel, Rosmarin, Thymian, Melisse... Sie benötigen im Winter leichten Frostschutz oder müssen sogar, wie Rosmarin, im Haus überwintert werden. In ihrer Heimat entwickeln diese Arten mehr Aromastoffe als bei uns, ihre filzige Behaarung ist intensiver, ihr Wuchs kleiner – kurzum ihr Aussehen verändert sich etwas in der Kultur.

Neben ihrer wertvollen Eigenschaft als Arzneipflanzen wirken viele Heilkräuter im Garten ausgesprochen dekorativ. Thymian, Lein, Lavendel und Quendel passen als Zierpflanzen in den Steingarten.

Alant, Eibisch, Liebstöckel, Melisse, Sonnenblumen, Johanniskraut, Königskerze bereichern den Staudengarten, und Schlehe, Sanddorn, Weißdorn, Holunder, Heckenrose, Wacholder eignen sich gut für Wildhecken, in denen sich bald Vögel und Kleintiere wohlfühlen.

Obwohl die Kultivierung von Heilpflanzen im allgemeinen keine großen Schwierigkeiten bereitet, ist etwas gärtnerische Erfahrung doch recht nützlich: Einjährige Pflanzen wie Majoran, Anis, Fenchel müssen im Frühjahr ausgesät werden. Anspruchsvollere Arten sät man schon im März–April in Kästchen oder Töpfe. Wenn im Mai keine Spätfröste mehr zu erwarten sind, pflanzt man die Setzlinge ins Freiland. Zu dieser Zeit werden auch Jungpflanzen von Gärtnereien angeboten. Wer keinen Garten hat, kann viele der beschriebenen Arten in Töpfen oder kleinen Containern auf dem Balkon ziehen. Mehrjährige Arten sollen nicht zu lange am gleichen Platz im Garten bleiben. Die Stöcke werden deshalb nach ein paar Jahren im Frühjahr oder Herbst geteilt und verpflanzt.

Neben dem Spaß an der Kultur eigener Arzneipflanzen hat der Gartenfreund die Gewißheit über die Naturbelassenheit seiner Kräuter und Früchte. Herbizide und Insektizide gehören nicht in den Heilkräutergarten. Düngergaben zur Erzielung großer Erträge sind nicht nötig. Schließlich können die Pflanzen zum optimalen Zeitpunkt geerntet werden, so daß alle Voraussetzungen für eine erstklassige Qualität der Drogen erfüllt sind.

Sammelkalender

Pflanze	Frühjahr Anfang (21. März)	Frühjahr Ende	Sommer Anfang (22. Juni)	Sommer	Sommer Ende	Herbst Anfang (23. Sept.)	Herbst	Herbst Ende	Buchseite
Acker-Schachtelhalm		grüne Triebe							
Alant	Wurzeln/Wurzelstock					Wurzeln/Wurzelstock			
Anis			Früchte						
Arnika			Blüten						
Bärentraube			Blätter						
Bärlauch	Kraut		Zwiebeln						
Baldrian						Wurzeln			
Beifuß			Triebspitzen m. Blütenknosp.						
Beinwell	Wurzelstock					Wurzelstock			
Benediktenkraut			Kraut						
Birke		Blätter							
Blutwurz	Wurzelstock					Wurzelstock			
Boretsch			Blätter						
Brennessel	Kraut+Wurzeln		Kraut			Wurzeln			
Brombeere	Blätter			Früchte					
Dost			Kraut						
Eibisch	Wurzeln					Wurzeln			
Eiche	Rinde								
Faulbaum	Rinde					Rinde			
Fenchel						Früchte			
Fichte	Nadeln								
Gänseblümchen	Kraut					Kraut			
Gelber Enzian	Wurzelstock					Wurzelstock			
Ginkgo			Blätter		Blätter				
Goldrute					Kraut				
Hauhechel	Wurzel					Wurzel			
Heckenrose						Früchte			
Heidelbeere			Blätter+Beeren						
Himbeere	Blätter		Früchte						
Hirtentäschelkraut	Kraut								
Holunder		Blüten				Beeren			
Hopfen			Hopfenzapfen						

12

Pflanze	Verwendete Teile
Huflattich	Blüten … Blätter
Johanniskraut	Kraut
Kalmus	Rhizome
Kamille	Blüten
Klette	Wurzeln
Knoblauch	Zwiebeln
Königskerze	Blüten
Lavendel	Blüten
Lein	Samen
Liebstöckel	Kraut … Blüten … + Wurzeln
Linde	Blüten
Löwenzahn	Kraut + Wurzeln + Blüten
Mädesüß	Blüten
Majoran	Kraut
Mariendistel	Früchte
Melisse	Blätter
Mistel	Blätter
Odermennig	Kraut
Pfefferminze	Blätter
Quecke	Rhizome
Ringelblume	Blüten
Rosmarin	Blätter
Salbei	Blätter
Sanddorn	Früchte
Schafgarbe	Blüten … Kraut
Schlehdorn	Kraut … Früchte
Schöllkraut	Kraut
Senf	Samen
Sonnenblume	Blütenblätter … + Kerne
Spitzwegerich	Blätter
Taubnessel	Blüten
Thymian	Kraut
Wacholder	Früchte
Wald-Erdbeere	Blätter … + Früchte
Waldmeister	Kraut
Weißdorn	Blüten + Blätter … Früchte
Wermut	Kraut
Zwiebel	Zwiebeln

Über das Trocknen der Heilkräuter

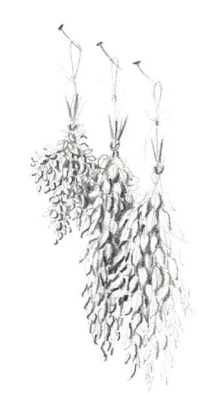

Heilkräuter lassen sich durch Trocknung einfach, gut und dauerhaft konservieren. Dieser Vorgang soll möglichst schnell und schonend erfolgen. Bei der Ernte achten wir darauf, daß Tau und Regen abgetrocknet sind. Nasse Blüten, Blätter und Stengel verfärben sich und werden unansehnlich,

außerdem führen Feuchtigkeit und damit verbundene lange Trocknungszeiten zu Schimmelbildung. Das Sammelgut darf auf keinen Fall gewaschen werden. Eine Ausnahme bilden Wurzeln. Sie werden nach dem Graben gründlich gewaschen und kleingeschnitten. Anschließend kann man sie an der prallen Sonne trocknen. Empfindliche Pflanzenteile wie Blüten und Blätter werden an schattigen, luftigen Plätzen auf Papier oder auf Horden ausgelegt. Dachböden sind als Trocknungsplätze bestens geeignet. Dort können die Pflanzen auch in ganzen Sträußen aufgehängt werden. Einfach, schnell und schonend geht es mit einer elektrischen Dörre mit eingebautem Ventilator. Die Trocknungstemperatur soll 40°C nicht übersteigen. Pflanzen mit einem hohen Gehalt an ätherischen Ölen verlieren sonst zuviele Wirkstoffe. Wenn im Frühjahr oder Herbst die Sonnenwärme fehlt, oder wenn kühles Regenwetter die Trocknung verzögert, kann man die Drogen bei schwacher Wärme auf die Heizung stellen. Sobald sie rascheldürr sind, füllt man sie in dichtschließende, dunkle Gefäße, da Blüten und Blätter in klaren Behältern ausbleichen und zudem an Wirksamkeit verlieren. Getrocknete Drogen haben auf die Dauer einen natürlichen Wirkstoffverlust; es ist deshalb sinnvoll, jeweils nur einen Jahresbedarf zu sammeln. Der Vorrat sollte jedes Jahr erneuert werden.

Zubereitungsmöglichkeiten

(Genaue Verwertungshinweise sind bei den jeweils beschriebenen Pflanzen angegeben)

Heilpflanzen für den Eigenbedarf werden am einfachsten als **Aufguß** zubereitet. Dazu übergießt man die getrockneten und zerkleinerten Pflanzenteile mit kochendheißem Wasser und läßt sie 5–15 Minuten ziehen. Für den Aufguß eignen sich am besten Blüten und Blätter.

Für härtere Pflanzenteile – wie Rinde und Wurzel – ist eine **Abkochung** erforderlich, damit die Wirkstoffe herausgelöst werden. Bei der Abkochung setzt man die getrockneten, zerkleinerten Pflanzenteile mit kaltem Wasser an und kocht sie dann auf.

Aufgüsse und Abkochungen sind nur kurze Zeit haltbar, Tees sind zum baldigen Verbrauch bestimmt. Manche Wirkstoffe ertragen keine Erhitzung oder gar längeres Kochen (z. B. Eibischwurzeln oder Mistelblätter). Hier löst man die Wirkstoffe schonend durch **Mazeration** aus den Pflanzenteilen. Dazu werden die getrockneten, zerkleinerten Pflanzenteile längere Zeit in Wasser eingeweicht.

Tinkturen sind alkoholische Pflanzenauszüge, deren Herstellung jedoch besondere Laborgeräte und etwas Erfahrung erfordert. Wer Tinkturen für den Eigenbedarf herstellen möchte, benötigt einen Porzellanmörser mit Pistill zum Pulverisieren der verwendeten Pflanzenteile. Die fein gepulverte Droge wird mit Alkohol (60–70% Weingeist) angesetzt und muß vor Licht geschützt einige Tage an einem kühlen Standort aufbewahrt werden. Der Ansatz wird mehrmals täglich durchgeschüttelt. Nach angemessener Zeit preßt man die Droge aus und filtert die Tinktur ab. Diese konzentrierten alkoholischen Auszüge müssen in braunen, lichtundurchlässigen Flaschen möglichst kühl aufbewahrt werden und sind dann lange haltbar.

Alkoholische oder wäßrige Pflanzenauszüge mit hohem Zuckeranteil werden als **Sirupe** bezeichnet. Sie lassen sich verhältnismäßig leicht herstellen; ohne geeignete Konservierungsmittel besteht jedoch die Gefahr des Wachstums von Mikroorganismen (Schimmelpilze, Bakterien). Die Haltbarkeit von selbstbereiteten Sirupen kann durch Aufbewahrung im Kühlschrank verlängert werden.

Salben sind streichfähige Zubereitungen zur äußerlichen Anwendung, die ohne Konservierungsstoffe nur ganz begrenzt haltbar sind. – Gut haltbare Salbenpräparate mit Heilkräuterwirkstoffen erhält man in der Apotheke.

Kräuterbäder sind in der Naturheilkunde und der Naturkosmetik sehr beliebt. Man bereitet dazu aus den jeweilig benötigten Drogen einen Aufguß oder eine Abkochung, die man dann dem Vollbad zusetzt. Für Teilbäder werden entsprechend kleinere Mengen des Aufgusses oder der Abkochung zugesetzt.

Dampfbäder werden in der Hauptsache aus Heilkräutern angesetzt, die einen hohen Anteil an ätherischen Ölen besitzen. Dazu werden die zu verwendenden Pflanzenteile in einem geeigneten Gefäß mit kochendheißem Wasser übergossen. Mit dem aufsteigenden Dampf werden dann die feinstverteilten Wirkstoffe eingeatmet.

Neben der medizinischen Anwendung bei Erkältungskrankheiten sind Dampfbäder in der Naturkosmetik sehr geschätzt: Sie machen die Haut weich und öffnen die Poren.

15

Selbstmedikation

Die Selbstbehandlung mit Heilpflanzen muß immer im verantwortungsbewußten Umfang erfolgen. Nur wer Arzneipflanzen richtig anwendet, kann mit dem angestrebten Heilerfolg rechnen. Viele Anhänger der „Grünen Welle" vertreten immer noch die Meinung, daß Heilkräuter – sofern sie nicht zu den Giftpflanzen zählen – generell harmlos und gesund seien. Wissenschaftliche Untersuchungen haben aber in den letzten Jahren ergeben, daß einige seit vielen Jahrhunderten angewandte Heilpflanzen zumindest bei Dauergebrauch bedenkliche Nebenwirkungen aufweisen. Wir haben in diesem Buch die neuesten Erkenntnisse berücksichtigt und bei verschiedenen Arten auf bestehende Gefahren bei Überdosierungen und Dauergebrauch hingewiesen und empfehlen, unsere Einnahmeeinschränkungen zu beachten. Laien sollten Heilkräuter nur bei sogenannten Banalerkrankungen oder zur gesunden Vorbeugung anwenden. Im Krankheitsfall muß immer der Arzt befragt werden, der seine Therapie mit Heilkräuterzubereitungen unterstützen kann!

Bei der Anwendung von Arzneipflanzen ist zu berücksichtigen, daß die Drogen durch Bakterien und Pilze belastet sind. Bei der Zubereitung durch Überbrühung werden die Mikroorganismen erheblich reduziert, so daß bei innerer Anwendung keine gesundheitsschädigende Wirkung zu erwarten ist. Von der immer wieder beschriebenen Anwendung bei Augenerkrankungen raten wir dringend ab! Problematisch sind auch Anwendungen bei großflächigen, offenen Wunden, die immer mit dem Hausarzt abgestimmt werden sollten.

Noch einmal: Heilkräuter ersetzen nicht den Arztbesuch!

Heilkräuter von A bis Z

Acker-Schachtelhalm, Zinnkraut
Equisetum arvense
Schachtelhalmgewächse (Equisetaceae)

Ausdauernde Pflanze mit kriechendem Wurzelstock. Sporentragende Triebe 5–30 cm hoch, ohne Seitentriebe, gelb bis braun. Sporangienähre 1–4 cm lang. Nicht sporentragende Triebe grün, 10–40 (–100) cm hoch, gefurcht, mit zahlreichen Seitentrieben in jedem Quirl. Gipfelteil oft ohne Seitentriebe. Sterile Triebe erscheinen nach den fertilen.

Sporenreife: März – April
Standort: Auf Äckern, Schuttplätzen, an Wegrändern, in Wiesen und an Waldrändern
Verbreitung: Europa, Asien, Nordamerika
Verwendbare Pflanzenteile: Grüne, sterile Triebe

Inhaltsstoffe: Flavonglykoside, Saponine, Kieselsäure
Sammelzeit: Ende Frühjahr – Anfang Sommer
Anwendung: Als harntreibendes Mittel bei Nieren- und Blasenerkrankungen, bei rheumatischen Beschwerden, bei Husten, Bronchial- und Lungenleiden. Das Kraut hat blutstillende Eigenschaften und wird besonders in der Volksheilkunde zum Spülen der Nasenhöhle bei Nasenbluten, zum Gurgeln bei Entzündungen im Rachenraum und als Umschlag auf Wunden, Krampfadern und Frostbeulen verwendet.
Früher zum Putzen und Polieren von Zinn-Geschirr.

Anbau im Kräutergarten
– Sammeln – Trocknen

Die Pflanze verbreitet sich durch ihren weitkriechenden Wurzelstock sehr schnell und ist kaum auszurotten; eine Anpflanzung im Kräutergarten ist deshalb nicht zu empfehlen.

Beim Sammeln darauf achten, daß keine anderen Schachtelhalm-Arten in das Sammelgut gelangen. Die Triebe werden in Bündeln zum Trocknen aufgehängt oder an luftigen, trockenen Plätzen in dünnen Lagen ausgebreitet.

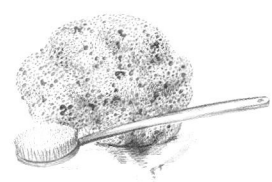

Vollbad | **zur Anregung des Stoffwechsels, bei Rheumatismus**

125 g getrocknetes Kraut
2 l Wasser
Das Wasser zum Kochen erhitzen, über das Kraut gießen und zugedeckt 1 Stunde ziehen lassen. Abseihen und den Sud zum Vollbad geben.

Tee | **harntreibendes Mittel bei Blasen- und Nierenerkrankungen**

2 TL (ca. 1 g) getrocknetes, geschnittenes Kraut
$^1/_4$ l Wasser
Das Kraut mit kaltem Wasser ansetzen, etwa 12 Stunden ziehen lassen, abseihen oder mit kochendem Wasser übergießen, 15 Minuten ziehen lassen, abseihen.
2–3mal täglich 1 Tasse.
Der Tee kann auch zum Gurgeln oder für Mundspülungen verwendet werden.

Umschlag | **bei Durchblutungsstörungen, Frostbeulen und Krampfadern**

6 EL (ca. 6 g) getrocknetes, geschnittenes Kraut
1 l Wasser
Das Kraut mit kochendem Wasser übergießen, 15 Minuten ziehen lassen, abseihen. In den Sud ein Baumwolltuch legen, leicht ausdrücken und auf den erkrankten Körperteil legen. Mit trockenen Tüchern umwickeln und einige Stunden einwirken lassen.

Alant, Echter Alant, Helenenkraut
Inula helenium
Korbblütengewächse (Asteraceae)

0,8–2,5 m hohe, mehrjährige, krautige Pflanze. Wurzelstock knollig verdickt, mit kräftigen, langen Wurzeln. Stengel aufrecht, sehr kräftig, dicht kurzhaarig. Laubblätter unterseits filzig, oberseits zerstreut kurzhaarig. Grundblätter groß, lang gestielt. Stengelblätter länglich herzförmig, spitz, sitzend, teilweise stengelumfassend. Blütenköpfe 6–8 cm.

Blütezeit: Juli – August

Standort: Als Zier- und Heilpflanze in Bauerngärten kultiviert. Selten verwildert.

Verbreitung: Südeuropa, Westasien

Verwendbare Pflanzenteile: Wurzeln/Wurzelstock

Inhaltsstoffe: Ätherisches Öl, Inulin, Bitterstoffe

Sammelzeit: Frühjahr oder Herbst

Anwendung: Bei Husten, Bronchitis, Asthma und Keuchhusten. Die Droge wirkt harntreibend und regt den Gallefluß an. In der Volksheilkunde bei Beschwerden an Galle, Leber, Blase und Niere.

Tee	bei Husten

1 gehäufter TL (ca. 2 g) kleingeschnittene Wurzeln
$^1/_4$ l Wasser
Die Wurzeln mit kochendem Wasser übergießen, 5 Minuten ziehen lassen, abseihen. Mit Honig süßen.
Täglich 2–3 Tassen.

Anis, Süßer Kümmel
Pimpinella anisum
Doldenblütengewächse (Apiaceae)

20–50 cm hohe, einjährige Pflanze. Wurzel dünn, spindelförmig. Stengel rundlich, gerillt. Grundblätter ungeteilt, herzförmig-rundlich. Stengelblätter 1- bis 3fach fiederschnittig. Blüten klein, weiß, in 7- bis 15strahligen Dolden. Spaltfrüchte flaumig, eiförmig bis länglich. Pflanze in allen Teilen mit Anisgeruch.

Blütezeit: Juli – September
Standort: In Gärten, selten feldweise gepflanzt
Verbreitung: Uralte Kulturpflanze, in Gebieten mit geeignetem Klima angebaut, bisweilen verwildert
Verwendbare Pflanzenteile: Früchte

Inhaltsstoffe: Ätherisches Öl, fettes Öl, Cholin, Zucker, Eiweiß
Sammelzeit: Sommer – Anfang Herbst
Anwendung: Als schleimlösendes und auswurfförderndes Mittel bei Husten und Bronchitis. Krampflösend und blähungstreibend bei Verdauungsbeschwerden und Magen-Darm-Koliken. Bei stillenden Müttern soll die Milchsekretion durch Anis gesteigert werden.
In der Süßwaren- und Likörindustrie.
Als Gewürz zu Suppen, Fisch und Geflügel; zu Salaten die frischen Blätter.

Anbau im Kräutergarten
– Sammeln – Trocknen

Anis wird Ende März bis Anfang April in Kistchen oder Töpfen ausgesät. Wenn keine Nachtfröste mehr zu erwarten sind, setzt man die Jungpflanzen im Abstand von 15 cm in den Garten. Anis ist sehr anspruchsvoll, er benötigt einen sonnigen Platz und kalkreichen Boden. Auf kalten, schweren Böden gedeiht er schlecht. Die Früchte reifen nur in milden Klimalagen.

Reife Anisfrüchte fallen sehr leicht ab. Man schneidet daher die Dolden vor der Vollreife und hängt sie gebündelt zum Ausreifen auf. Nach dem Abrebeln sollte man die Früchte gut nachtrocknen.

Tee	bei Husten, Bronchitis und Verdauungsbeschwerden

1 TL (ca. 2 g) zerquetschte Früchte
¹/₄ l Wasser
Früchte mit kochendem Wasser übergießen, 10 Minuten ziehen lassen, abseihen. 2–5mal täglich 1 Tasse. (Gegen Husten mit Honig süßen.)
Es ist sehr wichtig, daß die Früchte erst bei Bedarf zerquetscht oder grob gemahlen werden, da bei ganzen Früchten nur ein geringer Teil des wirksamen ätherischen Öls freigesetzt wird.

Tee	bei Blähungen und Völlegefühl

20 g Anisfrüchte
20 g Fenchelfrüchte
20 g Kümmelfrüchte
20 g Korianderfrüchte
20 g Angelikawurzel
Von dieser Mischung übergießt man 1 gehäuften TL mit ¹/₄ l kochendem Wasser, läßt 10 Minuten ziehen und seiht dann ab. Nach dem Essen 1 Tasse.

Likör	zur Anregung der Verdauung

50 g Anisfrüchte
375 g Zucker
0,7 l Obstwasser oder Korn (ca. 32%)
Früchte, Zucker und Alkohol in eine weithalsige Glasflasche füllen. Umrühren, bis sich der Zucker gelöst hat. Die Flasche gut verschließen und 14 Tage stehenlassen. Anschließend abfiltern, den Likör in Flaschen abfüllen und kühl aufbewahren. Nach jeder Mahlzeit 1 Likörglas.

Arnika, Bergwohlverleih
Arnica montana
Korbblütengewächse (Asteraceae)

20–60 cm hohe, ausdauernde Pflanze mit grundständiger Blattrosette und 1–3 Paaren gegenständiger Stengelblätter. Gelbe, 5–8 cm breite Blütenköpfe. Riecht angenehm würzig. Steht unter Naturschutz, das Sammeln ist streng verboten!

Blütezeit: Juni – August

Standort: Auf Magerrasen, Heideflächen, Bergwiesen, in lichten Wäldern und sauren Mooren; im Flachland selten, im Bergland häufiger

Verbreitung: Europa

Verwendbare Pflanzenteile: Blüten

Inhaltsstoffe: Ätherisches Öl, Flavonglykoside, Bitterstoffe, Gerbstoffe

Sammelzeit: Sommer

Anwendung: Äußerlich als Salbe oder stark verdünnte Tinktur bei Blutergüssen, Prellungen, Verstauchungen, Muskelzerrungen, Quetschungen, rheumatischen Beschwerden, Gicht, Hexenschuß, bei Mund- und Zahnfleischerkrankungen. Innerlich als Anregungsmittel für Herz und Kreislauf.

Anbau im Kräutergarten
– Sammeln – Trocknen

Arnika steht unter Naturschutz, das Sammeln in freier Natur ist streng verboten! Neuerdings wird jedoch Arnika-Samen im Fachgeschäft angeboten, so daß man sich die Pflanze selbst anbauen kann. Aussaat im Juni bis September in Kästchen oder Schalen. Wenn die Pflänzchen nach dem Pikieren stark genug sind, setzt man sie ins Freiland. Ob diese Garten-Zuchtformen der Arnika jedoch die gleiche Heilwirksamkeit besitzen, ist noch zu überprüfen. Am besten kauft man seinen Bedarf an getrockneten Blüten in der Apotheke. Die Droge stammt aus Kulturen der Balkanländer, aus Nordamerika und Weißrußland. Auch in der Schweiz laufen Versuche zur Kultur dieser wertvollen Heilpflanze.

Die getrockneten Blüten werden in dicht schließenden Gefäßen aufbewahrt.

Tinktur
100 ml Weingeist (60 %)
10 g getrocknete Blüten
Die Blüten zerkleinern und mit dem Weingeist übergießen. 14 Tage verschlossen stehenlassen, dann abpressen und klarfiltern.

Wichtiger Anwendungshinweis!
Arnika-Tinktur verursacht unverdünnt Hautreizungen!
Innerlich eingenommen bewirken größere Mengen Vergiftungserscheinungen!
Zur Einnahme 3–5 (–10) Tropfen Arnika-Tinktur mit 1 Glas Wasser verdünnen.
Zur äußerlichen Anwendung muß die Tinktur ebenfalls verdünnt werden: für Umschläge nimmt man 1–2 EL auf 1 l Wasser.
Die Anwendung von Arnika-Tinktur soll mit dem Arzt abgesprochen werden!

Umschlag	bei Zerrungen, Blutergüssen, Prellungen, Verstauchungen

1 EL Arnika-Tinktur
$1/2$ l Wasser
Heißes Wasser in eine Schüssel gießen, dann die Tinktur zugeben. Ein Baumwolltuch eintauchen, leicht auswringen und warm auf den erkrankten Körperteil auflegen. Mit trockenen Tüchern umwickeln und etwa 1 Stunde einwirken lassen.

Tee	bei leichten Herz- und Kreislaufbeschwerden

1 EL (ca. $1/4$ g) getrocknete Blüten
$1/4$ l Wasser
Die Blüten mit kochendem Wasser übergießen, 10 Minuten ziehen lassen, abseihen. 2mal täglich 1 Tasse langsam trinken.
Mit diesem Tee kann man auch bei Entzündungen im Mund und Rachen gurgeln.

Bärentraube
Arctostaphylos uva-ursi
Heidekrautgewächse (Ericaceae)

20–60 cm hoher, immergrüner Zwergstrauch mit weitkriechenden Zweigen. Blätter länglich bis verkehrt-eiförmig, dunkelgrün, glänzend, ledrig, ganzrandig, unterseits netzadrig. Blüten krugförmig, weiß bis rosa, in kurzer, endständiger überhängender Traube. Beeren scharlachrot. Fruchtfleisch mehlig, ungenießbar.

Blütezeit: April – Juli
Standort: Lichte Kiefernwälder, Zwergstrauchheiden
Verbreitung: Eurosibirisch-nordamerikanische Pflanze
Verwendbare Pflanzenteile: Blätter
Inhaltsstoffe: Arbutin, Methylarbutin, Gerbstoffe, Flavonoide, ätherisches Öl
Sammelzeit: Sommer – Herbst
Anwendung: Bei Infektionen der Harnwege. In der Volksheilkunde bei Nierenleiden, Husten und chronischen Durchfällen, bei Stein- und Galleleiden.

Bei Magenunverträglichkeit absetzen. Kein Dauergebrauch! Nur auf ärztliche Anordnung anwenden. Während der Schwangerschaft meiden!

Tee	bei leichteren Entzündungen der ableitenden Harnwege

2 TL (ca. 1 g) getrocknete Blätter
¹/₄ l Wasser
Blätter mit kaltem Wasser ansetzen, 12 Stunden ziehen lassen, abseihen. Anwärmen. 2–3mal täglich 1 Tasse.

Bärlauch, Wald-Knoblauch, Zigeunerzwiebel
Allium ursinum
Liliengewächse (Liliaceae)

Scheindolde, vor dem Aufblühen von einem hellgrünen, transparenten Hüllblatt umgeben. Ganze Pflanze mit Lauchgeruch.

Blütezeit: April – Juni
Standort: Schattige, feuchte Laubwälder
Verbreitung: Europa
Verwendbare Pflanzenteile: Kraut und Zwiebeln
Inhaltsstoffe: Ätherisches Öl, Vitamin C, Allicin, Fructosame, Mineralstoffe
Sammelzeit: Kraut im Frühjahr, Zwiebeln im Sommer
Anwendung: Bärlauch ist ein Mittel der Volksheilkunde. Er enthält ähnliche Wirkstoffe wie Knoblauch und wird wie dieser angewendet, bei Verdauungsstörungen, Arteriosklerose, Bluthochdruck, Hautausschlägen und Bronchitis.
In der Küche zu Salaten, Suppen, Saucen und Fleischspeisen.

Schnaps	bei Verdauungsstörungen

100 g frische Blätter
0,7 l Alkohol 32% (Obstwasser)
Blätter waschen und in ca. 1 cm breite Stücke schneiden, in eine weithalsige Glasflasche geben, Alkohol zugießen und verschlossen 3 Wochen bei Zimmertemperatur stehenlassen. Danach abseihen und klarfiltern.

10–40 cm hohe, ausdauernde Pflanze mit schlanker Zwiebel. Blätter meist zu 2, lang gestielt, parallelnervig. Blüten reinweiß, in reichblütiger

Baldrian, Katzenkraut
Valeriana officinalis
Baldriangewächse (Valerianaceae)

30–180 cm hohe, mehrjährige Pflanze. Wurzelstock unverzweigt mit zahlreichen Seitenwurzeln. Stengel gerieft, kräftig, hohl, aufrecht. Laubblätter unpaarig fiederschnittig oder gefiedert. Blüten in endständigen Doldenrispen, rosa bis weiß. Sehr formenreiche Sammelart.

Blütezeit: Juli – August

Standort: In feuchten Wäldern, auf feuchten Wiesen, an Gräben, im Ufergebüsch und in Hochstaudenfluren

Verbreitung: Europa bis Asien

Verwendbare Pflanzenteile: Wurzeln

Inhaltsstoffe: Ätherisches Öl, Valepotriate (Sammelbegriff für verschiedene, sehr empfindliche Baldrianwirkstoffe), Cholin, Alkaloide, Stärke, Zucker, Gerbstoff

Sammelzeit: Spätsommer – Herbst

Anwendung: Bei Schlaflosigkeit, nervöser Erschöpfung, Angst- und Erregungszuständen, nervösen Herzbeschwerden, Reizbarkeit, Unruhe, Prüfungsangst und Konzentrationsschwäche; auch bei nervösen Magen- und Darmbeschwerden. In der Homöopathie als Nervenmittel. Baldrianwurzel ist Bestandteil zahlreicher Arznei-Spezialitäten.

Anbau im Kräutergarten
– Sammeln – Trocknen

Da das Sammeln der Wurzelstöcke zum Verlust der ganzen Pflanze führt, ist für die Drogengewinnung der Anbau im Garten zum Schutz unserer Wildpflanzen besonders wichtig.
Baldrian wird im Frühjahr in Kistchen gesät und später im Abstand von 50 cm ausgepflanzt. Die Ernte erfolgt im 2. Jahr.

Die Wurzelstöcke werden von September bis Oktober gegraben, gründlich gewaschen und die Wurzelfasern entfernt. Beim Trocknen entwickelt sich durch Freiwerden der Isovaleriansäure der charakteristische Geruch, der Katzen anlockt (Volksname „Katzenkraut").

Tee	bei Schlaflosigkeit, nervösen Erregungszuständen, Reizbarkeit

2 TL (ca. 4 g) getrocknete, geschnittene Wurzeln
$1/4$ l Wasser
Wurzeln mit kaltem Wasser ansetzen und 12 Stunden ziehen lassen. Abseihen.
Täglich 2–3 Tassen.

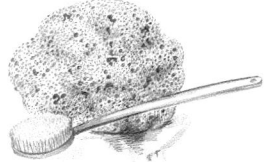

Vollbad	zur Beruhigung und Schlafförderung

100 g getrocknete, geschnittene Wurzeln
1 l Wasser
Wurzeln mit kaltem Wasser übergießen und 12 Stunden ziehen lassen. Abseihen und den Sud dem Vollbad zugeben. Badedauer 10–15 Minuten.

Tinktur	zur Beruhigung

1 Teil grob gepulverte Wurzeln
5 Teile Weingeist 70%
Wurzeln mit Weingeist übergießen und 5 Tage lang in einem gut verschlossenen Gefäß stehenlassen, dabei mehrmals täglich umschütteln. Danach abseihen und die Wurzeln auspressen. Die Tinktur vor Licht geschützt (am besten in braunen Flaschen) aufbewahren.
In älteren Arzneibüchern ist eine Einzeldosierung von 10–20 Tropfen vorgeschrieben. Zur Erzielung der gewünschten Wirkung wird heute als Einzeldosis $1/2$ TL in etwas Wasser empfohlen.
Baldrian-Tinktur in Arzneibuch-Qualität ist in der Apotheke erhältlich.

Beifuß, Gemeiner Beifuß
Artemisia vulgaris
Korbblütengewächse (Asteraceae)

0,6–1,5 m hohe, ausdauernde, reich verzweigte Staude. Wurzelstock verzweigt, ohne Ausläufer. Blätter fiederteilig, oberseits kahl, unterseits filzig behaart. Blütenköpfchen bräunlichgelb, oval, in vielblütigen aufrechten Rispen. Die ganze Pflanze riecht aromatisch.

Blütezeit: Juli – September

Standort: An Wegen, Schuttplätzen, Ufern, Waldrändern, Bahndämmen, in Unkrautfluren, auf Ödland

Verbreitung: Europa, Asien

Verwendbare Pflanzenteile: Triebspitzen mit Blütenknospen

Inhaltsstoffe: Ätherisches Öl, Bitterstoffe, Gerbstoffe

Sammelzeit: Sommer

Anwendung: Vor allem in der Volksheilkunde zur Appetitanregung, bei Verdauungsschwäche, Galle- und Leberleiden, Menstruationsbeschwerden; als Wurmmittel.
In der Küche als Gewürz zu fetten Braten.

Tee	zur Anregung der Verdauung

1 EL (ca. 1 g) getrocknetes, geschnittenes Kraut
¼ l Wasser
Das Kraut mit kochendem Wasser übergießen, kurz ziehen lassen, abseihen. 2–3 Tassen täglich.

Beifuß-Tee ist für den Dauergebrauch nicht geeignet!

Beinwell, Gemeiner Beinwell
Symphytum officinale
Rauhblattgewächse (Boraginaceae)

Wiesen und Schuttplätzen. Durch Wurzelableger leicht anbaubar

Verbreitung: Europa, Asien

Verwendbare Pflanzenteile: Wurzelstock

Inhaltsstoffe: Allantoin, Schleim- und Gerbstoffe, Cholin, Stärke, ätherisches Öl

Sammelzeit: Frühjahr oder Herbst

Anwendung: Bei Sport- und Unfallverletzungen, Knochenverletzungen, Prellungen, Quetschungen, Blutergüssen, Verstauchungen. In der Volksheilkunde bei schlecht heilenden Wunden, Geschwüren und Krampfaderentzündungen; zu Mund- und Gurgelwässern.

> Innerlich ist Beinwell für den Dauergebrauch nicht geeignet!

Umschlag	bei Prellungen, Quetschungen, Blutergüssen

30–120 cm hohe, mehrjährige Pflanze mit fleischigem Wurzelstock. Blätter 10–25 cm lang, am Stengel herablaufend, rauhhaarig. Blüten schmalglockig, nickend, in Trugdolden, gelblichweiß, rosarot oder purpurn.

Blütezeit: Mai – September

Standort: Häufig an Ufern, Gräben, auf feuchten

50 g feingeschnittene Wurzeln
$^1/_2$ l Wasser
Wurzeln im Wasser 10 Minuten kochen, abseihen. Ein Baumwolltuch in den Sud legen, leicht ausdrücken und warm auf den erkrankten Körperteil legen.

Benediktenkraut, Kardobenediktenkraut
Cnicus benedictus
Korbblütengewächse (Asteraceae)

10–40 cm hohe, einjährige, distelartige Pflanze. Stengel aufrecht, kantig gerillt. Blätter schrot-säge-förmig, stachelig berandet, die oberen stengelum-fassend. Blütenkronen gelb. Blütenboden mit bor-stenförmigen Spreublättern.

Blütezeit: Juni – September

Standort: In Unkrautfluren. Aus Kulturen verwildert

Verbreitung: Mittelmeergebiet, in Nord- und Südamerika und Südafrika eingeschleppt

Verwendbare Pflanzenteile: Kraut

Inhaltsstoffe: Bitterstoffe, Schleim, Gerbstoffe, etwas ätherisches Öl

Sammelzeit: Sommer

Anwendung: Bei Verdauungsstörungen, Appetitlosigkeit, Leber- und Galleleiden. In der Volksheilkunde bei Frostbeulen und Geschwüren, Lungenleiden und Herzstörungen.
Zu Kräuterlikören.

Tee	zur Anregung der Verdauung

2 TL (ca. 1 g) getrocknetes, geschnittenes Kraut
$^{1}/_{4}$ l Wasser
Kraut mit kochendem Wasser übergießen.
5 Minuten ziehen lassen, abseihen.
Täglich 2 Tassen.

31

Birke
Betula pendula (Hängebirke)
Betula pubescens (Moorbirke)
Birkengewächse (Betulaceae)

Beide Arten sind einander ähnlich und werden in der Heilkunde gleichwertig angewendet. Die Zweige der Hängebirke sind überhängend, die Blätter kahl. Die Zweige der Moorbirke sind aufwärts gerichtet und jung dick flaumig behaart.

Blütezeit: April – Mai

Standort: Die Hängebirke bevorzugt trockene Plätze, die Moorbirke kommt an feuchteren Standorten vor

Verbreitung: Beide Arten von Europa bis Sibirien

Verwendbare Pflanzenteile: Blätter

Inhaltsstoffe: Saponine, Gerbstoffe, ätherisches Öl, Flavonoide, Harz, Vitamin C

Sammelzeit: Frühjahr

Anwendung: Stark harntreibend. Bei Rheuma, Gicht, Wassersucht, Entzündungen der Harnwege, Blasen- und Nierenleiden. In der Volksheilkunde zur Frühjahrskur als „Blutreinigungsmittel".

Im Frühjahr gewonnener Birkensaft bei Haarausfall. Birkenholzteer zur Behandlung von Hautkrankheiten.

Tee	stark harntreibend

1 EL (ca. 1,5 g) getrocknete Blätter
$^1/_4$ l Wasser
Blätter mit kochendem Wasser übergießen.
10 Minuten ziehen lassen, abseihen.
Täglich 3 Tassen.

Blutwurz, Ruhrwurz
Potentilla erecta
Rosengewächse (Rosaceae)

15–30 cm hohe, ausdauernde Pflanze mit nieder-liegenden bis aufsteigenden Stengeln. Wurzel-stock 2–10 cm lang, bis 2 cm dick, im Schnitt dun-kelrot anlaufend. Grundblätter dreizählig, lang und dünn gestielt. Stengelblätter sitzend, zumin-dest die oberen fünfzählig. Blüten gelb, langge-stielt mit 4 Kronblättern, die wesentlich länger als der Kelch sind.

Blütezeit: Juni – September

Standort: Lichte Wälder, sandige Heiden, auf trockenen Wiesen und in Flachmooren. Zeigt oberflächliche Bodenversauerung und Nährstoff-armut an

Verbreitung: Europa, Asien

Verwendbare Pflanzenteile: Wurzelstock

Inhaltsstoffe: 15–25% Gerbstoffe und Tormen-tillrot, das beim Lagern entsteht

Sammelzeit: Frühjahr oder Herbst

Anwendung: Innerlich bei akuten und chroni-schen Durchfällen, bei Entzündungen im Ma-gen-Darm-Bereich. Äußerlich als Gurgelmittel bei Entzündungen des Mund- und Rachenraumes, bei Frostbeulen, Hämorrhoiden, Entzündungen und Verletzungen der Haut, bei Gelenkrheuma-tismus. In der Homöopathie zum Stillen von Blu-tungen.

Sammeln – Trocknen

Die knolligen Wurzelstöcke werden im Frühjahr oder Herbst gegraben. Das Sammelgut muß gründlich gewaschen werden. Die Rhizome werden in kleine Stücke geschnitten und in der Sonne oder bei künstlicher Wärme gut getrocknet.

Tee	bei Durchfällen

1 EL (ca. 6 g) fein geschnittene Wurzeln
¼ l Wasser
Wurzeln etwa 10 Minuten im Wasser kochen, abseihen.
2- bis 3mal täglich 1 Tasse schluckweise trinken.

Schnaps	magenstärkend

20 g fein geschnittene Wurzeln
500 ml Obstwasser oder Korn, ca. 35%
Die fein geschnittenen Wurzeln in einer verschlossenen, weithalsigen Flasche etwa 4 Wochen im Obstwasser ausziehen lassen. Öfters umschütteln. Danach abfiltern.
Täglich 1 Schnapsgläschen nach dem Essen.

Tinktur	als Gurgelmittel bei Mund-schleimhautentzündungen

10 g grob gepulverte Wurzeln
100 ml Weingeist 70%
Wurzeln mit dem Weingeist übergießen und verschlossen 5 Tage ausziehen lassen. Öfters schütteln. Danach abfiltern.
Als Einzeldosis 20–25 Tropfen in etwas Wasser nehmen.

Wein	bei Magen- und Darmstörungen

70 g fein geschnittene, getrocknete Wurzeln
1 l Rotwein
Wurzeln mit dem Rotwein übergießen und 10 Tage an einem kühlen Platz stehenlassen, danach abfiltern.
2mal täglich 1 kleines Gläschen.

Boretsch
Borago officinalis
Rauhblattgewächse (Boraginaceae)

50–80 cm hohe, einjährige Pflanze. In allen Teilen dicht rauhhaarig. Stengel aufrecht, ästig, hohl, saftig, Laubblätter wechselständig, bis 20 cm lang, untere Blätter deutlich gestielt. Blüten himmelblau, gestielt, meist nickend, in endständigen Wikkeln.

Blütezeit: Juni – September
Standort: In Mitteleuropa kultiviert, bisweilen verwildert
Verbreitung: Mittelmeergebiet
Verwendbare Pflanzenteile: Blätter
Inhaltsstoffe: Schleim, Stärke, Gerb- und Mineralstoffe, Flavonoide, ätherisches Öl, Saponin
Sammelzeit: Sommer – Herbst
Anwendung: Vorwiegend in der Volksmedizin bei Husten, Halserkrankungen, Rheuma, Nierenentzündung. In der Homöopathie bei Depressionen und Venenerkrankungen.
In der Küche als Würzkraut zu Salaten, Saucen, Käse, zum Einlegen von Gurken.

Tee	bei Husten, Halserkrankungen, als ,,Blutreinigungsmittel"

2 TL (ca. 1 g) getrocknete, geschnittene Blätter
¼ l Wasser
Blätter mit kochendem Wasser übergießen.
10 Minuten ziehen lassen, abseihen.
3mal täglich 1 Tasse.

Brennessel, Große Brennessel
Urtica dioica
Brennesselgewächse (Urticaceae)

30–150 cm hohe, ausdauernde, zweihäusige Ruderalpflanze. Stengel aufrecht, vierkantig, mit kurzen Borsten- und Brennhaaren. Laubblätter graugrün, gegenständig, Rand grob gesägt, mit Brennhaaren. Blüten klein, eingeschlechtig, in blaßgrünen Rispen.

Blütezeit: Juni – September

Standort: Verbreitet auf Schuttplätzen, an Weg- und Waldrändern, Flußufern, Gräben, auf Ödland

Verbreitung: In allen gemäßigten Klimagebieten

Verwendbare Pflanzenteile: Kraut und Wurzeln

Inhaltsstoffe: Verschiedene Vitamine, Fermente, Gerbstoffe, Acetylcholin, organische Säuren, Histamin, Eisen, Chlorophyll

Sammelzeit: Kraut im Frühjahr – Sommer, Wurzeln im Frühjahr oder Herbst

Anwendung: Besonders in der Volksheilkunde als wassertreibendes Mittel bei Gicht, Rheuma, Wassersucht, Leber- und Gallebeschwerden. Zur Anregung des Stoffwechsels. Bei unreiner Haut und Hauterkrankungen. Zu Frühjahrskuren.

Junge Brennesselblätter als vitaminreiches Gemüse. In der Kräuterkosmetik zur Herstellung von Haarwasser.

Zur Gewinnung von Chlorophyll. Vor Einführung der Baumwolle spielte die Brennessel eine Rolle als Faserlieferant.

Die **Kleine Brennessel** (*Urtica urens*) ist gleichwertig.

Sammeln – Trocknen

Junge Triebe zur Frühjahrskur sammelt man von März – Juni, das Kraut zum Trocknen von Juni – August, die Wurzeln gräbt man im Frühjahr oder Herbst.

Beim Sammeln Handschuhe tragen! (Das Nesselgift in den Brennhaaren wird beim Trocknen und Kochen zerstört.)

Sammelgut im Schatten trocknen und vor Licht geschützt aufbewahren.

Tee	zur Anregung des Stoffwechsels

1 EL (ca. 1,5 g) getrocknetes, geschnittenes Kraut
1/4 l Wasser
Kraut mit kochendem Wasser übergießen.
10 Minuten ziehen lassen, abseihen. 2- bis 3mal täglich 1 Tasse. Kurmäßig 4 Wochen täglich morgens und abends 1 Tasse.

| **Saft** | **als ,,Blutreinigungsmittel'', wassertreibend** |

1 Korb voll frische, junge Triebe waschen und ent-
saften (elektrischer Entsafter). Zur Frühjahrskur
verdünnt man den konzentrierten Saft mit Mineralwasser. Der frische Saft läßt sich gut einfrieren.

| **Tee aus frischen Blättern** | **zur ,,Frühjahrskur''** |

50 g junge Blätter
1 l Wasser
Blätter mit kochendem Wasser übergießen.
15 Minuten ziehen lassen, abseihen.
1 Liter über den Tag verteilt trinken.

| **Suppe** | **Ergänzung zur ,,Frühjahrskur''** |

200 g frische Brennesseltriebe
1 l Wasser
30 g Butter
1 kleine, feingehackte Zwiebel
1 feingehackte Knoblauchzehe
2 El Mehl
2 EL Sahne
Salz, Pfeffer, Muskat, 1 TL Streuwürze
Brennesseltriebe waschen, kurz in kochendes
Wasser geben, abgießen (Kochwasser aufheben)
und kleinhacken. Zwiebel und Knoblauch in Butter glasig dünsten, Mehl darüber stäuben und mit
Kochwasser und den gehackten Brennesseln auffüllen. Mit Salz, Pfeffer, Streuwürze und Muskat
würzen, kurz durchkochen und mit Sahne verfeinern.

| **Tinktur** | **zur Bereitung von Haarwasser** |

20 g getrocknetes Kraut
200 ml Alkohol 70%
Das Kraut fein zerreiben und mit dem Alkohol
übergießen. Verschlossen 5 Tage bei Zimmertemperatur ausziehen lassen. Mehrmals täglich
schütteln. Danach abseihen und mit einem Papierfilter klarfiltern.

| **Haar-wasser** | **zur Durchblutung der Kopfhaut, gegen Schuppen** |

20 ml Brennessel-Tinktur
80 ml destilliertes Wasser
20 ml Alkohol 96%
Tinktur, Wasser und Alkohol in eine Flasche geben und gut durchschütteln.
Täglich in die Kopfhaut einmassieren.

| **Abkochung** | **zur Kräfigung des Haarwuchses** |

50 g getrocknete Wurzeln
1 l Wasser
Wurzeln in Wasser 15 Minuten kochen. Abseihen.
Klarfiltern.
Täglich in die Kopfhaut einmassieren.

| **Tee** | **gegen Jugendakne** |

30 g getrocknete, geschnittene Brennesseln
30 g getrockneter, geschnittener Acker-Schachtelhalm
30 g getrocknete, geschnittene Queckenwurzeln
2 TL dieser Kräutermischung mit $1/4$ l kochendem
Wasser übergießen. 10 Minuten ziehen lassen,
abseihen.
3mal täglich 1 Tasse.

Brombeere
Rubus fruticosus agg.
Rosengewächse (Rosaceae)

Blütezeit: Mai – Oktober

Standort: Verbreitet in Wäldern, Hecken, Waldschlägen

Verbreitung: In Europa 700 Arten und 2000 Varietäten

Verwendbare Pflanzenteile: Blätter und Früchte

Inhaltsstoffe: In den Blättern Gerbstoffe, Flavonoide, ätherisches Öl, Vitamin C, organische Säuren

Sammelzeit: Blätter im Frühjahr, Früchte im Sommer – Anfang Herbst

Anwendung: Blätter gegen Durchfall, als adstringierendes Mittel zum Gurgeln bei Entzündungen der Mund- und Rachenhöhle, zu Waschungen bei Hautausschlägen, zu Hausteemischungen. Fermentiert als Schwarztee-Ersatz.
Früchte zu Marmelade, Saft, Sirup, Wein.

Tee	bei Durchfall, zum Gurgeln bei Entzündungen im Mund- und Rachenraum

0,5–3 m hoher, oft wintergrüner Strauch. Stengel sehr stachelig, bogig überhängend, am Ende oft wurzelnd. Laubblätter dunkelgrün, 3- bis 5zählig gefiedert. Blüten weiß oder schwach rosa, in vielblütigen Rispen. Formenreiche Sammelart.

1 EL (ca. 1,5 g) getrocknete Blätter
$^1/_4$ l Wasser
Blätter mit kochendem Wasser übergießen.
10 Minuten ziehen lassen, abseihen.
Täglich 3 Tassen.

Dost, Echter Dost, Oregano
Origanum vulgare
Lippenblütengewächse (Lamiaceae)

20–60 cm hohe, ausdauernde, krautige Pflanze. Stengel aufrecht, kantig, behaart, im oberen Teil braunrot und verzweigt. Laubblätter kurz gestielt, gegenständig, eiförmig, schwach behaart. Blüten hell- oder dunkelrot, in Doldenrispen. Die ganze Pflanze riecht aromatisch. Gute Bienenweide.

Blütezeit: Juli – Oktober

Standort: Verbreitet auf trockenen Wiesen, an Böschungen, Waldrändern, in Steinbrüchen und Kiesgruben

Verbreitung: Europa, Asien

Verwendbare Pflanzenteile: Kraut mit Blüten

Inhaltsstoffe: Ätherisches Öl, Gerb- und Bitterstoffe

Sammelzeit: Sommer – Anfang Herbst

Anwendung: In der Volksheilkunde bei Keuchhusten, Bronchialkatarrh, Durchfällen, Galle-, Magen- und Darmbeschwerden. Als Gurgelmittel. Zu Bädern.

In der Küche als Gewürz zu Fleischgerichten, Suppen und Pizza.

Tee	bei Husten und Verdauungs-störungen

1 EL (ca. 1,5 g) getrocknetes Kraut
¼ l Wasser
Das Kraut mit kochendem Wasser übergießen.
10 Minuten ziehen lassen, abseihen.
Täglich 3 Tassen.

Eibisch
Althaea officinalis
Malvengewächse (Malvaceae)

0,5–1,5 m hohe, ausdauernde, filzig behaarte Pflanze. Wurzelstock bei älteren Pflanzen walzlich, ästig. Laubblätter kurz gestielt, filzig, 3- bis 5lappig, unregelmäßig gesägt. Blüten hellrosa bis weißlich.

Blütezeit: Juni – September

Standort: Feuchte Wiesen, besonders am Meeresstrand

Verbreitung: Ursprünglich Asien. Seit dem 9. Jahrhundert als Arzneipflanze kultiviert

Verwendbare Pflanzenteile: Wurzeln

Inhaltsstoffe: Schleimstoffe, Asparagin, Zucker, Stärke, Pektin, Betain, Lecithin

Sammelzeit: Frühjahr oder Herbst

Anwendung: Aufgrund der reizmildernden Wirkung der Schleimstoffe bei Husten, Bronchitis, Magen- und Darmentzündungen. Zu Gurgelwässern.

In der kosmetischen Industrie als Zusatz zu Seifen.

Tee	bei Husten

2 TL (ca. 4 g) fein geschnittene Wurzeln
$^1/_4$ l Wasser
Wurzeln mit kaltem Wasser übergießen, etwa 1 Stunde ziehen lassen, abseihen. Erwärmen. Mit Honig süßen.
3mal täglich 1 Tasse.

Eiche
Quercus robur (Stiel- oder Sommereiche)
Quercus petraea (Trauben- oder Wintereiche)
Buchengewächse (Fagaceae)

20–50 m hohe, winterkahle Bäume. Männliche Blüten in hängenden, grünen Kätzchen; weibliche Blüten unscheinbar. Bei der Stieleiche Blätter am Grund meist herzförmig geöhrt, Fruchtstand lang gestielt; bei der Traubeneiche Laubblätter am Grund keilförmig, Fruchtstand kurz gestielt.

Blütezeit: April – Mai
Standort: In Laub- und Mischwäldern, oft bestandbildend
Verbreitung: Europa
Verwendbare Pflanzenteile: Rinde
Inhaltsstoffe: Gerbstoffe (Catechine und Ellagengerbstoffe)
Sammelzeit: Frühjahr (Rinde junger Zweige)
Anwendung: Innerlich bei Magen-Darmkatarrhen. Äußerlich bei nässenden Ekzemen, Brandwunden, Eiterungen, Geschwüren, Hämorrhoiden, Fußschweiß, Frostbeulen, bei Mundschleimhaut- und Zahnfleischentzündungen, wirkt zusammenziehend und entzündungswidrig.
Zur Ledergerbung.

Tee	bei Entzündungen der Mundschleimhaut und des Zahnfleisches

2 TL (ca. 5 g) geschnittene Rinde
¼ l Wasser
Rinde mit Wasser übergießen, zum Sieden erhitzen und 5 Minuten kochen lassen. Abseihen. Täglich 2 Tassen.

Umschläge mit dieser Abkochung 2–3mal täglich erneuern.

Faulbaum, Pulverholz
Frangula alnus
Kreuzdorngewächse (Rhamnaceae)

1–3 (selten bis 6) m hoher Strauch oder Baum. Zweige ohne Dornen. Rinde graubraun, mit Korkwarzen. Laubblätter wechselständig, eiförmig-elliptisch, ganzrandig, 4–7 cm lang. Blüten unscheinbar, grünlichweiß, zwittrig, in blattachselständigen Blütentrauben, stark duftend.

Beeren zunächst grün, später rot und zur Reifezeit schwarz. Giftig! Sie dürfen keinesfalls verzehrt werden! Vergiftungserscheinungen äußern sich in Schwindelgefühl, Erbrechen, Koliken, blutigen Durchfällen, in schweren Fällen auch Kollapszuständen.

Blütezeit: Mai – Juni
Standort: Häufig in lichten Wäldern und Gebüschen

Verbreitung: Europa bis Sibirien
Verwendbare Pflanzenteile: Rinde
Inhaltsstoffe: Frische Rinde enthält brechenerregende Anthronderivate, die sich beim Lagern in Glucofrangulin und Frangulin umwandeln. Außerdem Frangulanin, Franganin, Gerb- und Bitterstoffe
Sammelzeit: Frühjahr oder Herbst
Anwendung: 1 Jahr gelagerte Faulbaumrinde als zuverlässiges, auf den Dickdarm wirkendes Abführmittel. Bestandteil vieler Abführtees. In der Volksheilkunde bei Galle- und Leberleiden; bei Hämorrhoiden.
Faulbaumholz wurde früher zur Herstellung von Schießpulver-Holzkohle verwendet.

Sammeln – Trocknen

Faulbaumrinde gewinnt man von Ästen und Zweigen im zeitigen Frühjahr oder im Herbst. Dabei werden die Äste abgeschnitten und die Rinde in langen Streifen abgeschält. Die frisch geschälte Rinde ist giftig!

Man trocknet sie an der Sonne oder bei künstlicher Wärme. Faulbaumrinde darf erst nach mindestens einjähriger Lagerung verwendet werden. Danach ist sie bei richtiger Dosierung ungefährlich.

Tee | **stark wirkender Abführtee**

1 gehäufter TL (ca. 1g) getrocknete, kleingeschnittene Rinde

¼ l Wasser

Rinde mit Wasser kalt ansetzen, etwa 12 Stunden ziehen lassen. Abseihen. (Oder Rinde mit kochendem Wasser übergießen, 15 Minuten ziehen lassen. Abseihen.)

Abends 1–2 Tassen trinken.

Fenchel
Foeniculum vulgare
Doldenblütengewächse (Apiaceae)

0,5–2 m hohe, 2jährige bis ausdauernde Pflanze. Stengel aufrecht, bläulich bereift, ästig verzweigt. Blätter 3- bis 4fach gefiedert. Blüten klein, gelb, in großen, zusammengesetzten Dolden. Früchte länglich-oval, 5–10 mm lang. Geschmack süß, etwas scharf. Ganze Pflanze riecht aromatisch.

Blütezeit: Juli – Oktober

Standort: In Mitteleuropa in verschiedenen Sorten kultiviert. Selten verwildert. (Der Knollenfenchel ist am Grunde verdickt. Er wird als Gemüse verzehrt.)

Verbreitung: Mittelmeergebiet

Verwendbare Pflanzenteile: Früchte

Inhaltsstoffe: Ätherisches Öl, fettes Öl, Zucker, Cumarinderivate, Eiweiß

Sammelzeit: Herbst

Anwendung: Bei Husten (besonders in der Kinderheilkunde), leichten Verdauungsstörungen der Säuglinge und Kleinkinder, Magen- und Darmbeschwerden, Galle- und Leberleiden. Zur Steigerung der Milchsekretion. Äußerlich zu Gurgelwässern.

In der Küche frische Blätter zum Würzen von Fischgerichten und Salaten; Früchte als Gewürz zu Backwaren.

In der Likörindustrie.

Anbau im Kräutergarten – Sammeln – Trocknen

Fenchel wird im Frühjahr an einem sonnigen Platz ausgesät. Die Jungpflanzen vereinzelt man im Abstand von etwa 40 cm. In kaltem Klima werden die Wurzeln am besten an einem frostsicheren Platz überwintert und im kommenden Frühjahr wieder in den Garten gepflanzt.

Die Früchte reifen erst spät im Jahr. Die reifen Dolden werden einzeln abgeschnitten und an einem luftigen Ort nachgetrocknet. Die Samen werden mit einem Metallkamm ausgekämmt oder abgerebelt. So erhält man als feinste Qualität den „Kammfenchel".

Bei gewerbsmäßigem Anbau werden die Pflanzen abgemäht und die Früchte ausgedroschen; so gewinnt man den „Strohfenchel".

Tee	bei Husten und Blähungen

2 TL (ca. 4 g) Früchte

$^1/_4$ l Wasser

Früchte mit kochendem Wasser übergießen.

10 Minuten ziehen lassen. Abseihen. Mit Honig süßen.

Bei Husten 2–3 Tassen täglich. Als Magentee nicht süßen.

Bei Blähungen der Säuglinge wird der Aufguß schwächer dosiert:

Man nimmt 1 TL Früchte auf $^1/_4$ l Wasser. Mit diesem Tee schüttelt man die Flaschennahrung an.

Fichte, Rottanne
Picea abies
Kieferngewächse (Pinaceae)

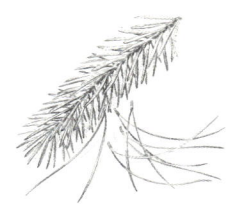

25–40 (–60) m hoher, wintergrüner, flachwurzelnder Baum mit geradem Stamm. Blätter nadelförmig, dunkelgrün, vierkantig, hart, kurz stachelspitzig. Männliche Blütenstände erst rötlich, später gelblich; weibliche Blütenstände aufrecht, leuchtend karminrot. Zapfen hängend, als Ganzes abfallend.

Blütezeit: April – Mai
Standort: Häufig kultivierter Forstbaum
Verbreitung: Ursprünglich nur in den höchsten Mittelgebirgslagen und in den Alpen heimisch
Verwendbare Pflanzenteile: Nadeln
Inhaltsstoffe: Ätherische Öle
Sammelzeit: Frühjahr
Anwendung: Fichtennadelöl zu Einreibungen bei Erkrankungen der Atmungsorgane, Rheuma, Muskelschmerzen.
Zu Luftverbesserungsmitteln, Seifen und als Badezusatz.
Aus den vitaminhaltigen Sprossen kann ,,Fichtensprossenhonig" bereitet werden. Fichtensprosse spielen in der Volksheilkunde eine bedeutende Rolle bei Erkrankungen der Atmungsorgane und zu Einreibungen bei Rheuma.
Fichtennadel-Franzbranntwein wird in der Volksmedizin gerne als Einreibungsmittel bei rheumatischen Beschwerden angewendet.
Die ätherischen Öle der verwandten Latschenkiefer (*Pinus mugo*), Wald-Kiefer (*Pinus sylvestris*) und der Weißtanne (*Abies alba*) werden ähnlich verwendet.

Sammeln – Verwerten
Junge Fichtentriebe können von Mai bis Juni gepflückt werden, wenn das braune Knospenhütchen abgefallen ist (Genehmigung vom Waldbesitzer einholen!). Sie werden frisch verwertet, können aber auch in einem Schraubglas in der Tiefkühltruhe zur späteren Verarbeitung eingefroren werden.

Fichtennadel-Franzbranntwein | **zum Einreiben bei rheumatischen Beschwerden**

400 g Fichtensprosse
500 ml Franzbranntwein
Fichtensprosse in ein weithalsiges Schraubglas geben und mit Franzbranntwein übergießen. Gut verschließen. Den Ansatz ca. 4 Wochen stehen lassen, dann abseihen und die Sprossen ausdrücken. In eine Flasche füllen.

Großmutters Hustensaft
250 g Fichtensprosse
100 g frische Spitzwegerichblätter
1 kg brauner Kandiszucker
1 l Wasser
Spitzwegerichblätter waschen und ca. 2 cm breit schneiden. Kandiszucker, Spitzwegerich, Fichtensprosse und Wasser zusammen 30 Minuten kochen. Abseihen. Den heißen Hustensirup in Flaschen füllen. Gut verschließen. Im Kühlschrank aufbewahren.
Mehrmals täglich 1 Teelöffel.

Honig mit Fichtensprossen | **gutes Hustenmittel**

200 g Fichtentriebe, frisch gesammelt
750 g Honig
Fichtensprosse in ein Schraubglas geben und mit flüssigem Honig übergießen. Glas verschließen. Den Ansatz 8–10 Wochen stehen lassen, dann abseihen, die Sprossen gut ausdrücken.

Fichtensprossen-Honig
200 g frische Fichtensprosse
1 l Wasser
1 kg Zucker
Fichtensprosse im Wasser 10 Minuten ab Kochzeit durchkochen. Abseihen. Den Saft (ca. 1 l) mit Zucker sprudelnd bis zur Sirupdicke einkochen. Heiß in Gläser füllen. Mit Zellglas verschließen. Dieser gesunde Fichtensprossen-Honig ist ein wohlschmeckender Brotaufstrich. Er paßt auch zu Quarkspeisen und zu Müsli. Sie können Fichtensprossen-Honig das ganze Jahr über frisch bereiten, wenn Sie den gewonnenen Saft einfrieren.

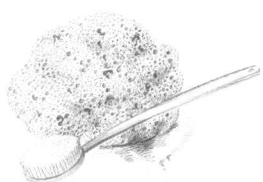

Vollbad | **bei rheumatischen Erkrankungen**

2 Hände voll (250 g) frische Fichtensprosse
1 l Wasser
Die frischen Fichtensprossen in Wasser 10 Minuten kochen. Abseihen. Die Abkochung dem Vollbad zugeben.
Badetemperatur etwa 35°C, Badedauer 10 Minuten.

Gänseblümchen, Maßliebchen
Bellis perennis
Korbblütengewächse (Asteraceae)

5–20 cm hohe, allgemein bekannte Pflanze. Korbblüten auf blattlosem Stengel. Randblüten weiß, meist rötlich überlaufen, zungenförmig. Röhrenblüten zwittrig, röhrig, gelb. Laubblätter wintergrün, spatelförmig, rosettig. Die Pflanze erträgt strengen Frost.

Blütezeit: Fast das ganze Jahr über
Standort: Verbreitet auf Wiesen, Grasplätzen und Wegen
Verbreitung: Europa, weltweit verschleppt
Verwendbare Pflanzenteile: Kraut
Inhaltsstoffe: Saponine, Gerb- und Bitterstoffe, Schleim, ätherisches Öl
Sammelzeit: Frühjahr – Herbst
Anwendung: In der Volksheilkunde bei Husten, Leberleiden und Hautkrankheiten.
In der Küche junge Blätter zu Salaten, Suppen und Quarkspeisen; zu Frühjahrskuren.

Frühjahrs-Kräutermix	zur „Frühjahrskur"

1 Handvoll frische Wildkräuter (Gänseblümchen, Löwenzahnblätter, Spitzwegerich, Sauerampferblätter, Vogelmiere, Wiesenschaumkraut)
1/2 l Buttermilch
Kräuter nach Belieben variieren, waschen, grob schneiden und im Mixer mit der Buttermilch gut durchmixen.

Gelber Enzian
Gentiana lutea
Enziangewächse (Gentianaceae)

40–120 cm hohe, mehrjährige Pflanze mit aufrechtem Stengel und kräftigem Wurzelstock. Blätter kreuzgegenständig, breit eiförmig, parallelnervig, blaugrün. Gelbe Einzelblüten zu 3–10 in den Achseln der oberen Blätter. Der Gelbe Enzian ist streng geschützt!

Blütezeit: Juni – August
Standort: Auf Bergwiesen, in lichten Bergwäldern
Verbreitung: Mittel- und südeuropäische Gebirge
Verwendbare Pflanzenteile: Wurzelstock
Inhaltsstoffe: Bitterstoffe, Zucker, gelbe Farbstoffe
Sammelzeit: Frühjahr oder Herbst. Da geschützt, Droge im Handel kaufen. Die Droge des Handels stammt von kultivierten Pflanzen.
Anwendung: Bei Verdauungsstörungen, Appetitlosigkeit, Völlegefühl, Blähungen, Leber- und Gallebeschwerden.
In der Likör- und Schnapsindustrie.

Nicht anwenden bei empfindlichem Reizmagen mit Übersäuerung.

Tee	bei Appetitlosigkeit und Verdauungsschwäche

1 TL (ca. 3 g) getrocknete, geschnittene Wurzeln
¼ l Wasser
Wurzeln mit Wasser übergießen. 5 Minuten kochen. Abseihen.
1 Tasse vor den Hauptmahlzeiten.

Ginkgo-Baum
Ginkgo biloba
Ginkgogewächse (Ginkgoaceae)

10–30 m hoher, sommergrüner, zweihäusiger Baum. Krone schlank, aufrecht, mit kurzen Ästen. Laubblätter fächerförmig, gabelnervig. Männliche Blüten kätzchenartig, weibliche gestielt, mit je 2 Samenanlagen. Der Ginkgo-Baum ist die letzte Art einer großen Pflanzengruppe, die vor 200 Millionen Jahren weltweit verbreitet war.

Blütezeit: April – Mai

Standort: Winterharter Park- und Alleebaum

Verbreitung: China. In Ostasien als Tempelbaum gepflanzt. Seit 1727 in Europa in Kultur

Verwendbare Pflanzenteile: Blätter

Inhaltsstoffe: Flavonoide, Biflavonyle, Catechine, Ginkgolide

Sammelzeit: Sommer

Anwendung: Alkoholische Auszüge von Blättern gegen periphere, arterielle und zerebrale Durchblutungsstörungen. Früchte in China bei Asthma, Bronchitis und als Wurmmittel. In Japan als Magenmittel.

Die Blätter werden nicht als Tee verwendet. Sie sind in Form alkoholischer Auszüge Bestandteil verschiedener Arzneispezialitäten.

Goldrute, Echte Goldrute
Solidago virgaurea
Korbblütengewächse (Asteraceae)

20–100 cm hohe, mehrjährige Pflanze. Stengel rund, aufrecht. Blätter oval bis breit lanzettlich, wechselständig, ganzrandig. Blüten gelb, in dichter, endständiger Rispe. Formenreiche Artengruppe.

Blütezeit: Juli – Oktober

Standort: Auf Magerrasen, Heiden, in Gebüschen, lichten Wäldern

Verbreitung: Europa bis Sibirien, Nordamerika

Verwendbare Pflanzenteile: Kraut

Inhaltsstoffe: Ätherisches Öl, Saponine, Bitter- und Gerbstoffe, Flavonoide

Sammelzeit: Sommer – Anfang Herbst

Anwendung: Wirkt harntreibend. Bei Ödemen, Blasen- und Nierenerkrankungen, Rheumatismus, Arthritis, Prostatahypertrophie. Bei chronischen Hauterkrankungen.

Tee	zur Entwässerung

2 TL (ca. 1,5 g) getrocknetes, geschnittenes Kraut
$^1/_4$ l Wasser
Kraut mit dem Wasser 12 Stunden kalt ansetzen. Abseihen.
2–3mal täglich 1 Tasse.

Hauhechel, Dornige Hauhechel
Ononis spinosa
Schmetterlingsblütler (Fabaceae)

20–60 cm hohe, am Grund verholzte, dornige Pflanze mit kräftiger Pfahlwurzel. Stengel aufsteigend oder niederliegend, aber nicht unterirdisch kriechend, mit 1 oder 2 Haarleisten. Untere Blätter dreizählig, die oberen einfach, gezähnt. Blüten kurz gestielt. Krone rosa.

Blütezeit: Juni – September
Standort: In Magerrasen, Moorwiesen, an Wegen, auf Weiden
Verbreitung: Europa
Verwendbare Pflanzenteile: Wurzel
Inhaltsstoffe: Ätherisches Öl, Saponin, Flavonglykoside, Gerbstoffe

Sammelzeit: Frühjahr oder Herbst
Anwendung: Wirkt harntreibend. Besonders in der Volksheilkunde bei Blasen- und Nierenleiden, Rheuma, Ödemen, Gicht. Auch bei Hautleiden.

Tee	harntreibend

2 TL (ca. 5 g) getrocknete, geschnittene Wurzeln
$^1/_4$ l Wasser
Wurzeln mit kochendem Wasser übergießen.
30 Minuten ziehen lassen. Abseihen.
2- bis 3mal täglich 1 Tasse.

Heckenrose, Hundsrose
Rosa canina
Rosengewächse (Rosaceae)

1–3 m hoher Strauch mit bogig überhängenden Zweigen. Stacheln sichelförmig gebogen. Blätter 5- und 7zählig gefiedert. Blüten blaßrosa bis hellrosa in mehrblütigen Doldenrispen. Die scharlachroten Früchte (Hagebutten) enthalten kantige, steinharte Nüßchen.

Blütezeit: Juni

Standort: In Hecken, Gebüschen und Waldrändern

Verbreitung: Mitteleuropa, Balkanländer, Asien

Verwendbare Pflanzenteile: Früchte

Inhaltsstoffe: In den Früchten viel Vitamin C und andere Vitamine, Fruchtsäuren, Pektine, Gerbstoffe, Invertzucker. In den Kernen Vanillin

Sammelzeit: Herbst

Anwendung: Bei Magen- und Darmkatarrhen. Als wassertreibendes Mittel bei Nieren- und Blasenerkrankungen, bei Gicht und rheumatischen Beschwerden. In der Volksmedizin zur Erhöhung der Abwehrkräfte bei Erkältungskrankheiten und grippalen Infekten. Zu Teemischungen. Die Nüßchen als „Kernlestee" bei Blasenleiden.

In der Küche frische Hagebutten zu Mus, Marmelade, Gelee, Wein, Suppen, Soßen.

Anbau im Naturgarten
– Sammeln – Trocknen

Heckenrosen findet man selten in Gärten gepflanzt. Dabei kann sich unsere Wildrose zur Blütezeit und vom Herbst bis zum Winter mit ihren leuchtend roten Hagebutten gut mit den Zuchtformen messen. Die Heckenrose läßt sich leicht durch Stockteilung vermehren und paßt in große Wildhecken. Sie ist robust, braucht keine Pflege, gedeiht in jedem Boden und erträgt bei üppigem Wachstum kräftiges Zurückschneiden. Es wäre erfreulich, wenn unsere wilden Heckenrosen wieder vermehrt in Gärten gepflanzt würden.

Die Scheinfrüchte der Wildrosen, im Volksmund Hagebutten genannt, kann man von verschiedenen Arten sammeln. Besonders vitaminreich sind die Früchte der Kartoffel- oder Runzelrose. Sie sind weich und eignen sich gut zur Weinbereitung und zur Herstellung des bekannten Hagebutten-Marks. Die Kartoffelrose stammt aus Asien und wird häufig in Gärten, Parkanlagen und an Straßen gepflanzt.

Zum Trocknen eignen sich festere Früchte von Wildrosen. Man sammelt im Oktober und November, wenn sie schön rot sind, und trocknet die Früchte bei mäßiger, künstlicher Wärme.

| **Tee** | **Haustee, bei Erkältungs-krankheiten, Stärkungsmittel für ältere Menschen** |

1 gehäufter EL (ca. 10 g) getrocknete, grob gemahlene Hagebutten
$^1/_2$ l Wasser
Die zermahlenen Hagebutten in $^1/_2$ Liter kochendes Wasser schütten und 15 Minuten zugedeckt leicht weiterkochen. Abfiltern.
Täglich 3 Tassen.

| **Kernles-Tee** | **bei Blasenleiden** |

2 gehäufte EL (ca. 10 g) Hagebuttenkerne (Nüßchen)
$^1/_2$ l Wasser
Hagebuttenkerne über Nacht kalt ansetzen. Dann 15–20 Minuten zugedeckt kochen. Abfiltern.

Hagebutten-Mark

Frische Früchte verlesen. Stiel und Blütenreste entfernen, halbieren. Hagebuttenkerne herausnehmen, Nüßchen sammeln und trocknen. Sie ergeben den feinen, nach Vanille schmeckenden „Kernlestee". Fruchtschalen mehrmals waschen, bis die Samenhärchen herausgelöst sind. Mit Wasser bedeckt weichkochen. Durch ein Sieb streichen. 1 kg gekochte Fruchtschalen ergeben etwa 1 kg Hagebutten-Mark.
Es enthält Vitamine und ist Grundlage für viele Rezepte (Marmeladen, Suppen, Saucen). Bis zur Weiterverarbeitung in kleinen Portionen in der Tiefkühltruhe einfrieren.

Heidelbeere, Blaubeere
Vaccinium myrtillus
Heidekrautgewächse (Ericaceae)

15–50 cm hoher, sommergrüner Strauch. Stengel grün, kantig, stark verzweigt. Blätter rundlich-eiförmig, fein gekerbt-gesägt, kahl, kurz gestielt. Früchte kugelig, 5–8 mm groß, blauschwarz, bereift, mit rotem Saft. Fruchtreife ab Juli.

Blütezeit: Mai – Juli

Standort: Verbreitet auf sandigen und torfigen Böden, in Wäldern, Heiden und Mooren

Verbreitung: Europa, Asien

Verwendbare Pflanzenteile: Blätter und Früchte

Inhaltsstoffe: In den Früchten Gerbstoff, Vitamine, Invertzucker, Fruchtsäuren, Mineralstoffe. In den Blättern Arbutin, Flavone, Gerbstoffe, Glykoside

Sammelzeit: Sommer

Anwendung: Getrocknete Heidelbeeren sind ein beliebtes Mittel gegen Durchfall. Äußerlich bei Schleimhauterkrankungen in Mund und Rachen. Heidelbeerblätter besonders in der Volksheilkunde bei Blähungen, Husten, Durchfall, Blasenschwäche, Hautkrankheiten. Als wassertreibendes Mittel.

In der Küche frische Früchte zu Marmeladen, Desserts, Saft, Wein.

Sammeln – Trocknen

Heidelbeerblätter sammelt man nach dem Austrieb und trocknet sie in dünnen Lagen im Schatten. Die Beeren reifen ab Juli. (Im Gebirge können sie noch im September gesammelt werden.)
Sie sollen bei künstlicher Wärme (40–50°C) getrocknet werden. Sie dürfen nicht schimmeln oder von Insekten zerfressen sein. Getrocknete Heidelbeeren müssen ziemlich weich sein. Aufbewahrung in gut schließenden Gefäßen.

Heidelbeeren werden beim Sammeln leicht mit den ähnlichen Rauschbeeren (*Vaccinium uliginosum*), die am gleichen Standort wachsen können, verwechselt. Die Rauschbeere hat oberseits blaugrüne, unterseits mattgrüne Blätter. Ihre Früchte haben farblosen Saft. Sie schmecken fade. Ihre Verwendung ist umstritten.

Heidelbeeren bei Durchfall

2 EL (ca. 10 g) getrocknete Heidelbeeren werden bei Durchfall täglich auf einmal eingenommen. Es ist zu beachten, daß die gleiche Menge frischer Beeren leicht abführend wirkt!

Heidelbeer-blätter-Tee   bei Blähungen und Husten

1 TL (ca. 2 g) getrocknete Blätter
$^1/_4$ l Wasser
Blätter mit kochendem Wasser übergießen.
10 Minuten ziehen lassen. Abseihen.
2- bis 3mal täglich 1 Tasse.

Heidelbeerblätter-Tee soll keinesfalls über längere Zeiträume verwendet werden!

Tee   gegen Durchfall

3 EL (ca. 15 g) Beeren
$^1/_2$ l Wasser
Heidelbeeren etwa 10 Minuten lang kochen. Abseihen.
3mal täglich eine kleine Tasse.
Diese Abkochung kann auch zum Gurgeln bei Entzündungen in Mund und Rachen verwendet werden.

Himbeere, Waldhimbeere
Rubus idaeus
Rosengewächse (Rosaceae)

0,5–1,5 m hoher, sommergrüner Strauch. Stengel aufrecht oder leicht bogig überhängend, mit kurzen Stacheln besetzt. Laubblätter 3- bis 7zählig gefiedert, oberseits hellgrün, unterseits weißfilzig, doppelt gezähnt. Blüten in rispigen Blütenständen. Sammelfrucht hellrot, saftreich, wohlschmeckend.

Blütezeit: Mai – Juni

Standort: Verbreitet an Waldrändern, in Waldschlägen, Lichtungen, Gebüschen. In zahlreichen Kultursorten gepflanzt

Verbreitung: Europa bis Sibirien

Verwendbare Pflanzenteile: Blätter und Früchte

Inhaltsstoffe: In den Blättern Gerbstoffe, Flavone, Vitamin C, Säuren, Zucker, Schleim.
In den Früchten organische Säuren, Mineralstoffe, Pektin, Vitamin C, Zucker, Gerbstoff, Flavone.

Sammelzeit: Blätter im Frühjahr, Früchte im Sommer

Anwendung: Himbeerblätter in der Volksmedizin gegen Durchfall, zu Gurgelwässern, bei Hautausschlägen. Bestandteil vieler Haus- und Kräutertee-Mischungen.
In der Küche Früchte zu Sirup, Saft, Marmeladen, Likör. Himbeer-Sirup als Geschmackskorrigens und als Getränk für Fieberkranke. Getrocknet gelegentlich in Teemischungen.

Sammeln – Trocknen – Konservieren

Die Blätter sammelt man vor und während der Blütezeit. Trocknung im Schatten rasch und schonend. Es ist zu beachten, daß Himbeerblätter zur Schimmelbildung neigen! Sie können wie Brombeerblätter fermentiert werden. Dazu läßt man sie nach der Ernte 1 Tag im Schatten welken, feuchtet sie etwas an und packt sie fest gepreßt in einen Kunststoffbeutel. Mindestens 3 Tage an einem warmen Ort fermentieren lassen. Dann öffnet man den Beutel, trocknet die fermentierten Blätter und schneidet sie klein.

Die Beeren reifen im Juli. Die saftreichen Früchte müssen schnell verwertet werden. Sie lassen sich leicht in der Tiefkühltruhe konservieren.

Saft	Erfrischungsgetränk bei fiebrigen Erkrankungen

Bereitet man am einfachsten mit dem Dampf-Entsafter. Früchte nicht waschen. Zu 5 kg Himbeeren gibt man 500 g Zucker. Den Saft heiß in saubere Flaschen füllen und sofort mit vorher ausgekochten Verschlüssen verschließen.

Himbeerblätter-Haustee-Mischung

50 g Himbeerblätter getrocknet
45 g Erdbeerblätter getrocknet
5 g Waldmeisterkraut getrocknet
2 gehäufte TL dieser Haustee-Mischung übergießt man mit $\frac{1}{4}$ l kochendem Wasser. Knapp 10 Minuten ziehen lassen. Abseihen.

Himbeer-blätter-Tee	bei Durchfall, als Haustee

1 EL (ca. 1,5 g) getrocknete Blätter
$\frac{1}{4}$ l Wasser
Blätter mit kochendem Wasser übergießen.
10 Minuten ziehen lassen. Abseihen.
3mal täglich 1 Tasse.

Sirup	verdünnt als erfrischendes Getränk bei fiebrigen Erkrankungen

1 l Himbeer-Saft, frisch gepreßt
300 g Zucker
Man kocht den Saft mit dem Zucker zu einem Sirup. Heiß in saubere Flaschen füllen und mit vorher ausgekochten Verschlüssen verschließen.

Hirtentäschelkraut
Capsella bursa-pastoris
Kreuzblütengewächse (Brassicaceae)

5–70 cm hohe Rosettenpflanze. Grundblätter schrotsägeförmig-fiederteilig. Obere Stengelblätter ungeteilt, lanzettlich, stengelumfassend. Blütentraube reichblütig. Kronblätter weiß. Früchte dreieckige, verkehrt-eiförmige, flache Schötchen.

Blütezeit: Fast das ganze Jahr über
Standort: Häufig auf Äckern, Ödland, Wiesen, Wegen, Schuttplätzen, in Gärten und Weinbergen
Verbreitung: Fast weltweit verschleppt
Verwendbare Pflanzenteile: Kraut
Inhaltsstoffe: Flavonglykoside, Cholin, Acetylcholin, Histamin, Saponine, Vitamin C, Gerbstoffe, ätherisches Öl
Sammelzeit: Frühjahr – Sommer
Anwendung: Bei Uterusblutungen, Blutungen der Harnwege, auch äußerlich bei blutenden Verletzungen – die Wirkung ist unzuverlässig! In der Volksheilkunde außerdem bei Husten, Rheuma, Gicht, Leber- und Gallebeschwerden, bei hohem und niedrigem Blutdruck, als Umschlag bei schlecht heilenden Wunden. Frisches Kraut zur Frühjahrskur.

Tee	zur ,,Frühjahrskur'', bei Husten

2 gehäufte TL (ca. 2 g) getrocknetes, fein geschnittenes Kraut
¼ l Wasser.
Kraut mit kochendem Wasser übergießen.
10 Minuten ziehen lassen, abseihen.
Täglich 2 Tassen.

Holunder, Schwarzer Holunder
Sambucus nigra
Geißblattgewächse (Caprifoliaceae)

3–7 m hoher, winterkahler Strauch oder kleiner Baum. Laubblätter unpaarig gefiedert mit meist 5 gezähnten Fiedern. Blüten gelbweiß in aufrecht stehenden, entständigen, flachen Trugdolden. Früchte schwarzviolett, glänzend. Riecht streng aromatisch.

Blütezeit: Juni – Juli

Standort: In Wäldern und Gebüschen, oft gepflanzt

Verbreitung: Europa

Verwendbare Pflanzenteile: Blüten und Früchte

Inhaltsstoffe: In den Blüten ätherisches Öl, Glykoside, Rutin, Gerbstoffe, Cholin

In den Früchten Vitamin A und C, Zucker, Farbstoffe, Fruchtsäuren

Sammelzeit: Blüten Ende Frühjahr – Anfang Sommer, Früchte im Herbst

Anwendung: Holunderblüten gelten als schweißtreibendes Mittel bei Erkältungskrankheiten. Zu Gurgelmitteln bei Mandel- und Rachenentzündungen. Der Beerensaft wirkt mild abführend und ebenfalls schweißtreibend.

In der Kräuterkosmetik bei rauher Haut.

In der Küche sehr geschätzt; aus den Früchten macht man Marmeladen, Säfte, Gelee und Wein, aus den Blüten bereitet man Milchmixgetränke, Holundersekt oder bäckt sie in Bierteig zu Küchle.

Anbau im Naturgarten
– Sammeln – Trocknen

Der Holunder gedeiht praktisch auf jedem Boden. Er paßt als Solitärgehölz in den Naturgarten oder zusammen mit anderen Wildsträuchern in große Hecken. Vermehrung durch Schößlinge oder Stockteilung.

Die wohlduftenden Blütendolden sammelt man von Juni bis Juli kurz nach dem Aufblühen. Sie werden ausgeschüttelt, da oft kleine Käfer in ihnen sitzen. Dann legt man die Dolden in lockeren Lagen aus und trocknet sie rasch. Bei feuchter Witterung und langsamer Trocknung verlieren sie ihre schöne hellgelbe Farbe. Die trockenen Blüten abrebeln und nochmals nachtrocknen.

Holunderblüten sind im Volksmund auch als „Fliederblüten" bekannt, haben aber mit dem Fliederstrauch im Garten überhaupt nichts zu tun. Reife Holunderbeeren erntet man im Oktober. Am besten bereitet man Saft aus ihnen. Sie lassen sich aber auch leicht in der Tiefkühltruhe konservieren oder bei künstlicher Wärme trocknen.

Alle grünen Pflanzenteile des Holunders einschließlich der unreifen Beeren sind schwach giftig! Die reifen Früchte dürfen ebenfalls nicht roh verzehrt werden!

Holunder-blüten-Tee	Schwitztee bei beginnender Erkältung

1 EL (ca. 2 g) getrocknete Blüten
$^1/_4$ l Wasser
Blüten mit kochendem Wasser übergießen.
10 Minuten ziehen lassen.
Zum Schwitzen 2–3 Tassen möglichst warm vorm Zubettgehen trinken.

Saft	bei Erkältungskrankheiten

5 kg Beeren
500 g Zucker
Holundersaft gewinnt man am besten im Dampfentsafter. Fruchtstände mit vollreifen Beeren waschen. Beeren abstreifen (oder kurzstielig abschneiden). Beeren und Zucker mischen. Dampfzeit mindestens 50 Minuten. Der Saft wird heiß in saubere Flaschen gefüllt und sofort mit vorher ausgekochten Verschlüssen oder Gummikappen verschlossen.
Nach Geschmack mit Mineralwasser verdünnen.

Hopfen
Humulus lupulus
Hanfgewächse (Cannabaceae)

3–6 m lange, rechtswindende Schlingpflanze. Zweihäusig. Laubblätter lang gestielt, tief 3–5teilig, oberseits rauhhaarig. Männliche Blüten unscheinbar, weibliche Blüten in gelbgrünen Scheinähren, die später zu großen Hopfenzapfen heranwachsen.

Blütezeit: Juli – August
Standort: Feuchte Gebüsche, Auwälder, Waldränder
Verbreitung: Weltweit kultiviert, oft verwildert
Verwendbare Pflanzenteile: Hopfenzapfen
Inhaltsstoffe: In den Drüsen der Hopfenzapfen Harz mit Hopfenbittersäuren, Gerbstoffen, ätherisches Öl
Sammelzeit: Sommer

Anwendung: Mildes Beruhigungs- und Schlafmittel, bei allgemeiner Nervosität, zur Anregung von Appetit und Verdauung. In der Homöopathie als Beruhigungsmittel.
In der Bierbrauerei als Würze.
In der Küche junge Sprosse als Gemüse.

Tee	mildes Beruhigungs- und Schlafmittel

1 gehäufter EL (ca. 0,5 g) getrocknete Zapfen
¼ l Wasser
Hopfenzapfen mit kochendem Wasser übergießen. 10–15 Minuten ziehen lassen. Abseihen. Vor dem Schlafengehen 1 Tasse.

Huflattich
Tussilago farfara
Korbblütengewächse (Asteraceae)

10–30 cm hohe, ausdauernde Pflanze mit kriechendem Wurzelstock. Stengel filzig behaart, mit Schuppenblättern und einem Blütenkopf. Blätter lang gestielt, handgroß, rundlich-herzförmig, am Rand buchtig eingeschnitten, oberseits dunkelgrün, unterseits weißfilzig. Blüten goldgelb, 2–3 cm groß, außen mit mehreren Reihen Randblüten, innen mit Scheibenblüten.

Blütezeit: Februar – Mai

Standort: Auf Äckern, Schuttplätzen, Dämmen und Ödland

Verbreitung: Ganz Europa

Verwendbare Pflanzenteile: Blüten und Blätter

Inhaltsstoffe: Schleim- und Gerbstoffe, Zucker, Glykoside, Inulin, Saponin, Stearin

Sammelzeit: Blüten Anfang Frühjahr, Blätter Ende Frühjahr – Anfang Sommer

Anwendung: Blätter bei Husten, Bronchitis, Verschleimung, Asthma, Staublunge, Reizungen der Magen- und Darmschleimhäute, bei Halsentzündungen und Heiserkeit. (Die Blüten werden bei den gleichen Erkrankungen angewendet, enthalten jedoch weniger Wirkstoffe).

Blüten in der Kräuterkosmetik zu Haarspülungen und Haarwässern.

In der Küche frische Blätter zu Salaten, Gemüsen und Frühlingssuppen.

> Huflattich-Zubereitungen sind für den Dauergebrauch nicht geeignet!

Anbau im Kräutergarten
– Sammeln – Trocknen

Huflattich verbreitet sich durch Samen und Ausläufer sehr schnell und ist kaum auszurotten. Eine Anpflanzung im Garten ist nicht zu empfehlen. Huflattichblüten öffnen sich nur bei Sonnenschein. Die wohlduftenden Blütenkörbchen müssen rasch getrocknet werden ; da dies zu dieser Jahreszeit an der Luft kaum möglich ist, trocknet man am besten bei mäßiger Wärme an der Heizung.

Die Blätter erscheinen erst gegen Ende der Blüte-zeit. Sie sind anfangs oberseits von einem weißlichen, abwaschbaren Filz überzogen. Man sammelt sie (ohne Stiel) von Mai – Juni; sie müssen frei von Sand- und Erdresten sein. Blätter, die man trocknen will, dürfen nicht gewaschen werden, das Trocknen sollte möglichst rasch erfolgen. Getrocknete Blüten und Blätter sind vor Licht geschützt in gut schließenden Gefäßen aufzubewahren.

Tee	gegen Husten und Bronchitis

1 EL (ca. 1,5 g) getrocknete, geschnittene Blätter
$^1/_4$ l Wasser
Blätter mit kochendem Wasser übergießen.
10 Minuten ziehen lassen, abseihen.
Bei Husten mit Honig oder Kandiszucker süßen.

Husten-Sirup
200 g frische Blätter
500 g brauner Kandiszucker
$^1/_2$ l Wasser
Blätter waschen, ca. 2 cm breit schneiden und mit Wasser und Kandiszucker 30 Minuten lang kochen. Abseihen und heiß in kleine Flaschen füllen. Gut verschließen.
Die Haltbarkeit dieses Sirups ist begrenzt, da er kein Konservierungsmittel enthält und die Gefahr des Wachstums von Mikroorganismen, vor allem bei angebrochenen Flaschen, gegeben ist. Der Sirup sollte bei Bedarf frisch zubereitet und im Kühlschrank aufbewahrt werden.

Packung
In Kräuterbüchern der Volksheilkunde findet man immer wieder Hinweise auf die Verwendung von frischen Huflattich-Blättern als Kräuter-Packung bei Wunden, Krampfadern, Hautausschlägen, Verstauchungen und Quetschungen.
Dazu werden die frischen Blätter durch Rollen mit einer Flasche auf einem Brett gequetscht, auf den erkrankten Körperteil gelegt und mit einem Baumwolltuch umwickelt. Diese Teilpackungen können über Nacht aufgelegt bleiben.
Bei entzündeter Haut und offenen Wunden ist von derartigen Kräuterumschlägen wegen der bestehenden Infektionsgefahr dringend abzuraten!

Haarspülung mit Huflattich-Blüten
6 EL (ca. 10 g) getrocknete Blüten
$^1/_2$ l Wasser
Blüten mit kochendem Wasser übergießen. Ca. 30 Minuten ziehen lassen, dann durch ein Baumwolltuch filtern. Mit dem warmen Aufguß das gewaschene Haar spülen und die Kopfhaut gründlich damit massieren. Regelmäßig anwenden.

Frühjahrskur mit Huflattich
Huflattich wird in der Volksmedizin auch zu ,,Blutreinigungskuren" verwendet. Die frischen Blüten und Blätter eignen sich zusammen mit Löwenzahn, Spitzwegerich, Brennesseln und anderen Frühjahrskräutern zu Gemüsen, Suppen und Salaten.

Johanniskraut, Tüpfel-Hartheu
Hypericum perforatum
Hartheugewächse (Hypericaceae)

30–100 cm hohe, ausdauernde Pflanze. Stengel aufrecht, mit 2 Längsleisten, im oberen Teil ästig. Blätter elliptisch-eiförmig, gegenständig, durchscheinend punktiert (gegen das Licht betrachten). Blüten goldgelb, mit vielen Staubfäden, in vielblütigen, endständigen Doldenrispen.

Blütezeit: Juli – August

Standort: Verbreitet in Trockenrasen, Kiesgruben, an Wald- und Wegrändern und Flußufern

Verbreitung: Europa, Asien, weltweit in Gebiete mit geeignetem Klima verschleppt

Verwendbare Pflanzenteile: Kraut

Inhaltsstoffe: Ätherisches Öl, Hypericin, Flavonoide, Harze, Gerb- und Bitterstoffe

Sammelzeit: Sommer

Anwendung: Wirkt entzündungshemmend, wundheilungsfördernd, mild nervenberuhigend und angstlösend. Johanniskrautöl äußerlich bei Hauterkrankungen, Geschwüren, Furunkeln, Rheuma, Gicht, Brandwunden; innerlich bei Durchfall, Magen-Darm-Katarrhen, nervöser Unruhe, Depressionen, Schlafstörungen, Leber- und Galleleiden.

Sammeln – Trocknen

Die Blütezeit beginnt Ende Juni (24. Juni = Johanni). Man sammelt das Kraut mit Blüten und Blättern und hängt es zum Trocknen auf.
Zur Bereitung von Johanniskraut-Öl verwendet man frisch geöffnete Blüten und Blütenknospen, die sich beim Zerreiben dunkelrot färben.

Öl	wirkt entzündungshemmend, mild nervenberuhigend

25 g frische Blüten und Knospen
$^1/_2$ l Olivenöl
Blüten und Knospen gut zerquetschen und mit dem Öl übergießen. In einer klaren Glasflasche 5 Tage unverschlossen an der Sonne stehenlassen. Danach verschlossen weitere 5 Wochen stehenlassen. Abseihen. Das Öl nimmt mit der Zeit eine tiefrote Farbe an.
2mal täglich 1 Teelöffel.
(Johanniskraut-Öl gibt es in Arzneibuch-Qualität in der Apotheke zu kaufen.)

Tee	leichtes Beruhigungsmittel

1 EL (ca. 1 g) getrocknetes, geschnittenes Kraut
$^1/_4$ l Wasser
Kraut mit kaltem Wasser übergießen und zum Sieden erhitzen. Kurz ziehen lassen. Abseihen. Täglich 2–3 Tassen.

Der Wirkstoff Hypericin im Johanniskraut erhöht die Empfindlichkeit der Haut gegenüber Licht. Wer eine Johanniskraut-Kur macht, soll starke Sonneneinwirkung meiden!

Johanniskrautöl-Packung	zur Hautpflege

2 EL Johanniskrautöl
1 Eigelb
$^1/_2$ TL Zitronensaft
Öl und Zitronensaft langsam in das Eigelb einrühren, bis eine majonaiseartige Masse entsteht. Diese Masse auf Gesicht und Hals auftragen und ca. 10 Minuten einwirken lassen. Dann mit warmem, abschließend mit kaltem Wasser abwaschen.

Kalmus
Acorus calamus
Aronstabgewächse (Araceae)

50–150 cm hohe, ausdauernde Pflanze mit kräftigem, weit kriechendem Wurzelstock. Blätter lineal, schwertförmig, etwa 100 cm lang und 1–2 cm breit. Beim Zerreiben aromatisch duftend. Blüten zwittrig, unscheinbar, an einem kolbenartigen Blütenstand. Bei uns keine Fruchtbildung.

Blütezeit: Juni – Juli
Standort: An Ufern, Gräben, langsam fließenden Bächen und auf sumpfigen Wiesen
Verbreitung: Europa, Asien, Nordamerika. Seit dem 16. Jahrhundert eingebürgert
Verwendbare Pflanzenteile: Rhizom
Inhaltsstoffe: Ätherisches Öl, Schleimstoffe, Gerbstoff, Bitterstoff, Cholin, Palmitinsäure
Sammelzeit: Herbst
Anwendung: Bei Magen- und Darmstörungen, Appetitlosigkeit, Völlegefühl, Blähungen. Äußerlich zu Bädern und Waschungen, bei Frostbeulen, zu Mund- und Gurgelwässern.
Zur Herstellung von Magenbittern und Likören.

Tee	bei Appetitlosigkeit, Völlegefühl und Blähungen

2 TL (ca. 3 g) getrocknete, geschnittene Wurzeln
1/4 l Wasser
Wurzeln mit kochendem Wasser übergießen.
10 Minuten ziehen lassen. Abseihen.
Täglich 2–3 Tassen lauwarm trinken.

Kamille, Echte Kamille
Matricaria chamomilla
Korbblütengewächse (Asteraceae)

10–60 cm hohe, einjährige Pflanze mit aromatischem Geruch. Stengel aufrecht, ästig, kahl. Blätter 2- bis 3fach gefiedert. Blütenköpfchen im Durchmesser etwa 1–2 cm. Blütenboden kegelförmig, innen hohl. Zungenblüten weiß, Scheibenblüten gelb.

Blütezeit: Mai – September
Standort: Häufig auf Äckern, Schutt- und Ödplätzen
Verbreitung: Fast weltweit verbreitet; oft als Arzneipflanze angebaut und verwildert
Verwendbare Pflanzenteile: Blüten
Inhaltsstoffe: Ätherisches Öl mit Chamazulen, Flavone und Cumarine

Sammelzeit: Ende Frühjahr – Sommer
Anwendung: Bei Erkrankungen des Magen-Darm-Kanals und der Gallewege, bei Menstruationsbeschwerden, Blähungen und Durchfall, bei Entzündungen der Schleimhäute, schlecht heilenden Wunden, Juckreiz und Hämorrhoiden, bei Schnupfen und Entzündungen der Nasennebenhöhlen. In der Homöopathie bei Nervenschmerzen.
In der Kräuterkosmetik zur Pflege empfindlicher Haut.

Anbau im Kräutergarten
– Sammeln – Trocknen

Die Echte Kamille wird im August oder im Frühjahr ausgesät. Sie bevorzugt nährstoffreiche, stickstoffhaltige aber kalkfreie, tonige oder sandige Lehmböden. Da die Samen nur bis $1/2$ cm tief keimen, darf das Saatgut nicht bedeckt werden. Bis zum Keimen auf regelmäßige Feuchtigkeit achten. Jungpflanzen dann auf Handbreite verdünnen. Die Echte Kamille sät sich selbst aus und kann sich im Garten schnell verbreiten.

Man sammelt die Blütenköpfchen ohne Stiel kurz nach dem Aufblühen, wenn die weißen Zungenblüten schön entwickelt und ausgebreitet sind. Bei feuchter Witterung und nach der Befruchtung hängen die Zungenblüten abwärts; zu diesem Zeitpunkt ist der Wirkstoffgehalt schon reduziert. (Beim Sammeln von Badekamille kann man großzügiger vorgehen; sie darf auch einige Stengel und Blätter enthalten.)

Schonend im Schatten in dünnen Lagen trocknen. Bei zu rascher Trocknung in der Sonne und bei Temperaturen über 50°C fallen die Blütenköpfchen auseinander.

Die getrockneten Blüten werden vor Licht geschützt in gut schließenden Behältern aufbewahrt.

Tee	bei Magenverstimmungen

1 EL (ca. 2,5 g) getrocknete Blüten
$1/4$ l Wasser
Blüten mit kochendem Wasser übergießen.
10 Minuten ziehen lassen. Abseihen.
3mal täglich 1 Tasse, ungesüßt und mäßig warm vor dem Essen trinken. Der Tee sollte nicht zu lange stehen, sondern muß sofort getrunken werden.

Als Haustee für den Dauergebrauch nicht geeignet!

Kamillen-Rollkur	bei Magenschleimhaut-entzündung

Morgens vor dem Aufstehen – auf nüchternen Magen – 1 Tasse warmen Kamillentee, ungesüßt, in kleinen Schlückchen trinken und dann 5 Minuten auf dem Rücken, 5 Minuten auf der rechten Seite, 5 Minuten auf dem Bauch und 5 Minuten auf der linken Seite liegen.

Umschlag | bei Wunden und Geschwüren

6 EL (ca. 15 g) getrocknete Blüten
1 l Wasser
Blüten mit kochendem Wasser übergießen. 10 Minuten ziehen lassen. Abseihen. In den Sud ein Baumwolltuch legen, leicht ausdrücken und warm auf den erkrankten Körperteil legen. Mit trockenen Tüchern umwickeln und einige Stunden einwirken lassen.

Aufguß zum Gurgeln und Mundspülen | bei Entzündungen im Mund- und Rachenraum

1 EL (ca. 2,5 g) getrocknete Blüten
1/4 l Wasser
Blüten mit kochendem Wasser übergießen.
10 Minuten ziehen lassen. Abseihen.
Mit dem lauwarmen Aufguß mehrmals täglich gurgeln oder spülen.

Inhalation | bei Schnupfen und Entzündungen der Nasennebenhöhlen

2 EL (ca. 5 g) getrocknete Blüten
1 l Wasser
Kochendes Wasser über die Blüten gießen. Die aufsteigenden Dämpfe 6–10 Minuten lang einatmen, dabei werden Kopf und Gefäß mit einem Handtuch abgedeckt. Nach dem Dampfbad den Kopf mit einem Tuch warm halten.

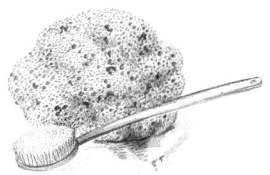

Vollbad | zur Pflege empfindlicher Haut, bei Entzündungen

50 g getrocknete Blüten (Badekamille)
2 l Wasser
Blüten mit kochendem Wasser übergießen und 10 Minuten zugedeckt ziehen lassen. Abseihen und den Sud dem Vollbad zufügen.
10–15 Minuten bei ca. 35°C baden.
Dieser Sud eignet sich auch für ein Sitzbad. Das Sitzbad sollte bei handwarmer Temperatur ca. 10 Minuten angewendet werden.

Kräuter-kissen | bei Neuralgien, Rheuma und Ohrenschmerzen

Etwa 100 g getrocknete Blüten werden in ein Baumwollsäckchen gefüllt und auf der Heizung oder im Backofen auf 40–50°C erwärmt. Das warme Kissen legt man dann auf die schmerzende Körperstelle. Eine warme Gummibettflasche verstärkt die Wirkung und hält das Kräuterkissen länger warm.

Aufguß zur Gesichtsreinigung
1 EL (ca. 2,5 g) getrocknete Blüten
1/4 l Wasser
Blüten mit kochendem Wasser übergießen.
10 Minuten ziehen lassen. Abseihen.
Mit dem warmen Aufguß reinigt man abends Gesicht und Hals mit einem Wattebausch. Anschließend eine Nährcreme auftragen.
Der Aufguß eignet sich zur Behandlung von unreiner Haut, Mitessern, Pusteln und zur Hautpflege nach dem Abschminken.

71

Kamillen-Aufguß als Deodorant

Der wässrige Auszug von Kamillenblüten hemmt das Wachstum gewisser Bakterien. Die Verwendung von Kamillen-Aufguß in der Körperpflege als schonendes Deodorant und zu Spülungen bei schlechtem Atem beruht auf der bakterienhemmenden Eigenschaft der Blüten.

Kosmetiköl	**zur Pflege empfindlicher Haut**

50 g frische Blüten
1/2 l Olivenöl
Blüten in einem Porzellan-Mörser zerquetschen, in eine weithalsige, klare Glasflasche geben und mit dem Öl übergießen. Die Flasche etwa 12 Wochen an die Sonne oder einen warmen Platz stellen, danach abfiltern.

Kamillen-Rosmarin-Dampfgesichtsbad	**zur Reinigung der Haut**

2 EL (ca. 5 g) getrocknete Kamillenblüten
1 EL (ca. 3 g) getrocknete Rosmarinblätter
1 l Wasser
Über die Kräutermischung kochendes Wasser gießen.
Über den aufsteigenden Dämpfen etwa 5 Minuten lang schwitzen, dabei Kopf und Gefäß mit einem Handtuch bedecken. Nach dem Dampfbad das Gesicht vorsichtig trockentupfen.

Klette, Große Klette
Arctium lappa
Korbblütengewächse (Asteraceae)

60–150 cm hohe, zweijährige Halbrosetten-pflanze. Stengel kräftig, aufrecht, häufig rötlich überlaufen. Äste kaum überhängend. Wurzel bis 60 cm lang, spindelförmig. Blätter sehr groß, herzeiförmig, wechselständig, lang gestielt, oben dunkelgrün, unterseits weißfilzig. Blütenköpfe 3–4,5 cm dick, in einer meist doldenartigen Rispe. Früchte 6–8 mm lang.

Blütezeit: Juli – September
Standort: An Schuttplätzen, Wegen, Flußufern, Gräben
Verbreitung: Europa, Asien
Verwendbare Pflanzenteile: Wurzeln
Inhaltsstoffe: Inulin, ätherisches und fettes Öl, Gerbstoff, Harz, Zucker, Schleimstoffe
Sammelzeit: Herbst
Anwendung: Besonders in der Volksheilkunde vielbenutztes, wasser- und schweißtreibendes Mittel, bei Katarrhen und Rheuma. Äußerlich bei Hautunreinheiten, Akne, Flechten. Ekzemen.
In der Kräuterkosmetik gegen Schuppen und Haarausfall.
In der Küche junge Blätter zu Wildgemüse, junge Blattstiele wie Spargel.
Als Speiseöl, für feinere Firnissorten, zur Seifenfabrikation und zur Herstellung von Linimenten wird Klettenfruchtöl verwendet, das aus den Samen hergestellt wird. Die Samen enthalten 15–20% fettes Öl, das aus Palmitin-, Stearin-, Arachin-, Öl- und Linolsäure besteht.

Anbau im Kräutergarten – Sammeln – Trocknen

Klettensamen sät man im Herbst aus und gräbt die Wurzeln im nächsten Jahr.
Wurzeln säubern, kleinschneiden und bei mäßiger Wärme trocknen.
Die Filzige Klette (*Arctium tomentosum*) und die Kleine Klette (*Arctium minus*) werden gleich verwendet.

Tee	**harn- und schweißtreibend**

2 TL (ca. 4 g) getrocknete, geschnittene Wurzeln
¼ l Wasser
Wurzeln ein paar Stunden mit kaltem Wasser ansetzen. Kurz aufkochen und abseihen.
Täglich 3 Tassen.

Öl
Klettenwurzel-Öl ist ein mit Oliven- oder Erdnußöl hergestellter Auszug aus getrockneten Klettenwurzeln. Es wird zu Einreibungen gegen rheumatische Muskel- und Gelenkerkrankungen und als Haaröl verwendet.

Knoblauch
Allium sativum
Liliengewächse (Liliaceae)

30–70 cm hohe, ausdauernde Pflanze. Zwiebel mit länglich gekrümmten Nebenzwiebeln (Zehen), von weißlichen Niederblättern umhüllt. Laubblätter flach, gekielt, zugespitzt. Blütenstand mit lang gestielten Blüten und 20–30 Brutzwiebeln. Ganze Pflanze mit intensivem, aromatischem Geruch.

Blütezeit: Juni – August
Standort: Vor allem in Südeuropa kultiviert
Verbreitung: Heimat Asien, in vielen Ländern angepflanzt
Verwendbare Pflanzenteile: Zwiebeln
Inhaltsstoffe: Ätherisches Öl mit Alliin, das fermentativ zu dem antibakteriell wirksamen Allicin abgebaut wird, ferner Vitamine, Flavonoide, Saponine, Cholin, Spurenelemente
Sammelzeit: Ende Sommer – Herbst
Anwendung: Bei infektiösen Magen-Darmstörungen, Darmblähungen, Gallebeschwerden, Arteriosklerose, Durchblutungsstörungen, erhöhtem Blutdruck. In der Volksmedizin beliebt bei Husten, Erkältung, Bronchitis, bei eiternden Wunden, Wurmkrankheiten und Impotenz.
In der Küche als Gewürz.
Knoblauch ist in zahlreichen geruchlosen Arzneispezialitäten enthalten.

Anbau im Kräutergarten – Sammeln – Trocknen

Von März bis April werden die Zehen im Abstand von 15 × 15 cm etwa 5 cm tief in den Boden gesteckt. Knoblauch bevorzugt einen sonnigen Standort und nährstoffreichen Boden.
Die Zwiebeln können von August bis Oktober geerntet werden, wenn die Blätter abgewelkt sind. Man trocknet sie an einem luftigen Platz.

5000 Jahre alte Kulturpflanze

Knoblauch wurde schon zur Zeit der Sumerer als gesunde Speise- und Heilpflanze verwendet. Die Leistung und Gesundheit von mehreren Hunderttausend Sklaven beim Bau der Pyramiden werden dem Genuß von Knoblauch zugeschrieben. Seit dem Mittelalter wird Knoblauch bei bakteriellen Erkrankungen angewandt. Wissenschaftliche Untersuchungen der vergangenen Jahre bestätigen die jahrtausende alten Erfahrungen: Knoblauch hat antibiotische, blutdrucksenkende, wurmtreibende und antisklerotische Eigenschaften.

Der intensive Geruch dieser Pflanze hält viele Menschen jedoch von ihrem Genuß zurück, wir können gesundheitsbewußten Menschen jedoch nur raten: Essen Sie Knoblauch so oft es der Anstand zuläßt! Wer auf die gesunden Wirkstoffe des Knoblauchs nicht verzichten will, kann ja auch auf zahlreiche ziemlich geruchlose pharmazeutische Präparate in Kapsel- oder Drageeform zurückgreifen.

Sirup	bei Husten und Bronchitis

2 große (ca. 100 g) Knoblauchzwiebeln
200 g Zucker
300 ml Wasser
Knoblauchzehen reiben oder im Mixer zu Brei mixen und zusammen mit dem Zucker und dem Wasser 3 Minuten kochen. Heiß und ungefiltert in eine Flasche füllen. Gut verschließen und im Kühlschrank aufbewahren.
3mal täglich 1 Eßlöffel mit Tee oder Wasser verdünnt.

Königskerze, Windblumen-Königskerze
Verbascum phlomoides
Rachenblütler (Scrophulariaceae)

0,5–1,5 m hohe, zweijährige Pflanze. Blätter am Stengel nur wenig herablaufend. Blüten hellgelb, 3–4 cm breit.

Blütezeit: Juli – September

Standort: An Wegen, Waldrändern, Bahndämmen, in Kiesgruben; in warmen Lagen

Verbreitung: Europa, Asien

Verwendbare Pflanzenteile: Blüten

Inhaltsstoffe: Schleimstoffe, Saponine, ätherisches Öl, Bitterstoff

Sammelzeit: Sommer

Anwendung: Bei Husten und Bronchitis; zu Umschlägen bei schlecht heilenden Wunden; zu Gurgelmitteln. In der Volksmedizin auch bei Durchfall, Bettnässen, Hämorrhoiden und zur „Blutreinigung", harn- und schweißtreibend. Die dekorativen Blüten sind Bestandteil zahlreicher Hustentee-Mischungen. Gleich verwendet wird die Großblütige Königskerze (*Verbascum thapsiforme*).

Tee	mildes Hustenmittel

2 EL (ca. 2 g) getrocknete Blüten
$^1/_4$ l Wasser
Blüten mit kochendem Wasser übergießen.
10 Minuten ziehen lassen. Abseihen.
2–3mal täglich 1 Tasse mit Honig gesüßt.

Lavendel, Echter Lavendel
Lavandula angustifolia
Lippenblütengewächse (Lamiaceae)

20–60 cm hoher, immergrüner, aromatisch riechender Halbstrauch mit aufrechten oder aufsteigenden Stengeln. Blätter schmal lanzettlich, 2–5 cm lang, ganzrandig mit nach unten eingerolltem Rand. Blüten blauviolett, am Ende der Zweige in einem ährenähnlichen Blütenstand.

Blütezeit: Juli – August

Standort: In Mitteleuropa als Zierpflanze kultiviert

Verbreitung: Heimat westliches Mittelmeergebiet, in Südfrankreich und Spanien oft angebaut

Verwendbare Pflanzenteile: Blüten

Inhaltsstoffe: Ätherisches Öl und Gerbstoffe

Sammelzeit: Sommer

Anwendung: Leichtes Beruhigungsmittel, bei Migräne, Nervenschwäche, nervösem Herzklopfen und Schlaflosigkeit, das ätherische Öl zu Einreibemitteln bei neuralgischen und rheumatischen Schmerzen.

In der Parfümindustrie zur Herstellung von Lavendelwasser, Seifen, Badezusätzen und Eau de Cologne; zu Duftkissen.

In der Likörindustrie.

In der Küche als Gewürz zu Eintöpfen und Wildbret.

Der im westlichen Mittelmeergebiet wildwachsende Breitblättrige Lavendel *(Lavandula latifolia)* und der gezüchtete, unfruchtbare Bastard zwischen *L. angustifolia* und *L. latifolia* (= Lavandin) sind wichtige Duftstofflieferanten für die Parfümindustrie. Sie liefern höhere Erträge, aber nicht die feine Qualität des Echten Lavendels.

Anbau im Garten
– Sammeln – Trocknen

Lavendel wird im März – April in Kistchen ausgesät und später ausgepflanzt. Er bevorzugt sonnige Plätze und paßt gut in den Steingarten. Lavendel benötigt in Mitteleuropa bei strenger Kälte einen Frostschutz. Im ersten Jahr werden die Blütentriebe frühzeitig abgeschnitten, damit sich die Pflanzen buschig entwickeln.

Sobald sich die Blüten öffnen, beginnt die Ernte. Man trocknet die abgeschnittenen Blütenstände an einem schattigen, luftigen Platz und bewahrt die getrockneten Blüten anschließend in gut schließenden Gefäßen auf.
Nach der Ernte die Pflanzen zurückschneiden, damit sie dicht und kräftig bleiben.

Tee	leichtes Beruhigungsmittel bei Migräne, nervösem Herzklopfen

2 TL (ca. 2 g) getrocknete Blüten
$1/4$ l Wasser
Blüten mit kochendem Wasser übergießen.
5 Minuten ziehen lassen. Abseihen.
Täglich 2–3 Tassen.

Kosmetiköl
5 g getrocknete Blüten
$1/8$ l Olivenöl
Blüten in ein kleines, weithalsiges Glasgefäß geben und mit dem Öl übergießen. Gut verschließen und 4 Wochen stehenlassen. Danach den Ansatz durch ein Tuch filtern und auspressen.

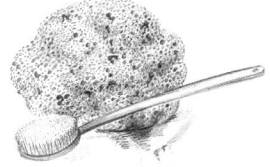

Vollbad	zur Beruhigung und Entspannung

50 g getrocknete Blüten
1 l Wasser
Blüten mit kochendem Wasser übergießen. Etwa 10 Minuten ziehen lassen. Abseihen und ausdrükken. Diesen Aufguß dem Vollbad zugeben.

Alkoholischer Lavendel-Auszug
15 g getrocknete Blüten
150 ml Alkohol 70%
Blüten in einem verschlossenen Glasgefäß 6 Wochen im Alkohol ausziehen lassen. Danach den Ansatz abfiltrieren und in kleine Fläschchen abfüllen. Dieser wohlduftende Auszug mit seiner lavendelblauen Farbe kann wie Parfüm verwendet werden. Man kann damit auch ein Geschenk mit ganz persönlicher Note machen.

Lein, Flachs
Linum usitatissimum
Leingewächse (Linaceae)

30–70 cm hohe, einjährige Pflanze. Stengel dünn, aufrecht oder bogig aufsteigend. Blätter schmal, lanzettlich, ganzrandig, wechselständig, sitzend. Blüten 5zählig, hellblau. Frucht eine gefächerte Kapsel mit 8–10 Samen. Samen länglich-eiförmig, flachgedrückt, rotbraun, glänzend. Verschiedene Zuchtformen.

Blütezeit: Juni – August

Standort: Seit vorgeschichtlicher Zeit kultiviert, bisweilen verwildert

Verbreitung: Heimat unsicher, weltweit kultiviert

Verwendbare Pflanzenteile: Samen

Inhaltsstoffe: Schleimstoffe, fettes Öl, Pektin, Eiweiß, Glykoside

Sammelzeit: Ende Sommer

Anwendung: Als mildes Abführmittel, zur Reizminderung bei Husten, Heiserkeit, entzündlichen Prozessen des Verdauungsapparats, entzündlichen Erkrankungen der Harnwege, bei Hämorrhoiden und Gallenblasenentzündungen. Äußerlich zu Umschlägen bei Geschwüren, Furunkeln, Schwellungen, eitrigen Abszessen. Leinöl medizinisch zu Brandlinimenten, bei Schuppenflechte, Ausschlägen und Gürtelrose. Für pharmazeutische Zwecke und als hochwertiges Speiseöl wird Leinöl aus Samen ohne Anwendung von Wärme gepreßt. Das Öl ist in Apotheken, Drogerien und Reformhäusern erhältlich. Es sollte möglichst frisch verwendet werden, da es bei längerer Lagerung ranzig wird.

Technisch zu Malerfarben. Wichtige Faserpflanze. In der Küche zum Backen von Brot.

Anbau – Sammeln

Lein wird nachweislich seit der Jungsteinzeit angebaut. Heute gibt es zwei Zuchtformen: die eine liefert die besseren Fasern, die andere das bessere Öl. Die Aussaat erfolgt im Frühjahr. Zur Fasergewinnung schneidet man die Pflanzen nach der Blüte ab, weicht sie ein bis das Stengelgewebe zerfällt und die langfaserigen Pflanzenteile ausgekämmt werden können.

Der Samen wird durch Ausdreschen der reifen Kapselfrüchte gewonnen.

Leinsamen als Abführmittel

Morgens und abends 2 EL (ca. 20 g) zerstoßene Samen mit etwas Flüssigkeit einnehmen. Leinsamen für den inneren Gebrauch sollen frisch sein.

Tee	mildes Abführmittel, bei Magenschleimhautentzündung, zur Reizminderung bei Husten und Heiserkeit

1 EL (ca. 10 g) Leinsamen
$^1/_4$ l Wasser
Leinsamen mit kaltem Wasser übergießen und 1 Stunde stehenlassen – gelegentlich umrühren. Abseihen.
2mal täglich 1 leicht erwärmte Tasse.

Umschlag	bei Geschwüren, Furunkeln und Abszessen

Frisch zerstoßenen Leinsamen mit heißem Wasser zu einem Brei anrühren, in ein Mullsäckchen füllen und so warm wie erträglich auf den erkrankten Körperteil legen. Mit einem wollenen Tuch umwickeln. (Die bei der Ölgewinnung zurückbleibenden Preßkuchen werden ebenfalls für Umschläge verwendet.)

Liebstöckel, Maggikraut
Levisticum officinale
Doldenblütengewächse (Apiaceae)

Bis 2 m hohe, ausdauernde Staude. Stengel aufrecht, bis 4 cm dick, rund, röhrig, kahl, oben mit aufrecht abstehenden Ästen. Laubblätter dunkelgrün, glänzend, die untersten 2- bis 3fach gefiedert. Blüten klein, gelblich, in großen zusammengesetzten Dolden. Früchte oval, 6–8 mm lang. Die ganze Pflanze riecht aromatisch und schmeckt nach Maggi-Würze.

Blütezeit: Juli – August
Standort: Als Gewürzpflanze in Gärten
Verbreitung: Ursprünglich wahrscheinlich Iran, heute oft angebaut
Verwendbare Pflanzenteile: Wurzeln und frisches Kraut

Inhaltsstoffe: In den Wurzeln ätherisches Öl, Harz, Zucker, Stärke, Gummi
Sammelzeit: Kraut im Frühjahr – Herbst, Wurzeln im Herbst
Anwendung: Harntreibendes Mittel. Besonders in der Volksheilkunde zur Anregung von Appetit und Verdauung, bei Blähungen, Menstruationsbeschwerden und Husten.
Als Badezusatz.
In der Likörindustrie zu Magenschnäpsen und Kräuterlikören.
In der Küche frische Blätter in kleinen Mengen zum Würzen von Suppen, Saucen, Eintöpfen und Salaten.

Anbau im Kräutergarten
– Sammeln – Trocknen

Liebstöckel wird bei uns seit dem Mittelalter kultiviert. Seine Aussaat erfolgt im März. Die Anzucht der Jungpflanzen ist nicht einfach, sie erfordert viel Pflege, die Jungpflanzen müssen zweimal pikiert werden. Am einfachsten kauft man 1–2 kräftige Pflanzen beim Gärtner. Sie decken den Frischbedarf als Würzkraut einer Familie. Kräftige Pflanzen können im Herbst oder Frühjahr durch Teilung vermehrt werden.

Das frische Kraut wird ab Mai geschnitten, die dicken Wurzeln gräbt man im Spätherbst im 2. oder 3. Anbaujahr. Nach dem Reinigen schneidet man die Wurzeln klein und trocknet sie an der Luft oder bei schwacher künstlicher Wärme. Aufbewahrung in gut schließenden Gefäßen.

Das frische Kraut läßt sich kleingeschnitten gut in der Tiefkühltruhe konservieren, kann aber auch getrocknet werden.

Liebstöckel-Samen erntet man im Spätherbst, wenn die Dolden braun werden. Er kann ebenfalls als Gewürz verwendet werden.

Tee	harntreibend, zur Anregung von Appetit und Verdauung

2 TL (ca. 5 g) getrocknete, geschnittene Wurzeln
$^{1}/_{4}$ l Wasser
Wurzeln mit kaltem Wasser übergießen und langsam zum Sieden erhitzen. Abseihen.
Täglich 2 Tassen.

Linde
Tilia cordata (Winter-Linde)
Tilia platyphyllos (Sommer-Linde)
Lindengewächse (Tiliaceae)

Bis 30 m hohe, winterkahle Laubbäume. Blätter der Winter-Linde unterseits mit bräunlichen Haarbüscheln in den Nervenachseln. Blütenstände 5- bis 11blütig. Sommer-Linde mit weißlichen Haarbüscheln, Blütenstand 2- bis 5blütig. Gute Bienenweide. Bastardbildung!

Blütezeit: Juni (Sommer-Linde), Juli (Winter-Linde)

Standort: In Laubwäldern, in Parkanlagen angepflanzt

Verbreitung: Europa

Verwendbare Pflanzenteile: Blüten und Hochblätter

Inhaltsstoffe: Ätherisches Öl, Gerbstoff, Flavonoide, Zucker, Schleimstoffe

Sammelzeit: Ende Frühjahr – Anfang Sommer

Anwendung: Schweißtreibend, bei Erkältungskrankheiten, bei Blasen- und Nierenleiden, zur Steigerung der Gallensekretion, als mildes Beruhigungsmittel, krampflösend; zu Mund- und Gurgelwässern.

In der Kräuterkosmetik zu Bädern.

Tee	Schwitztee bei beginnender Erkältung, mild beruhigend

2 TL (ca. 2 g) Blüten und Hochblätter
$1/4$ l Wasser

Blüten und geschnittene Hochblätter mit kochendem Wasser übergießen. 10 Minuten ziehen lassen. Bei Erkältungskrankheiten täglich 2 Tassen möglichst heiß trinken. (Wirksamer ist eine Mischung mit Holunderblüten im Verhältnis 1:1).

Löwenzahn
Taraxacum officinale
Korbblütengewächse (Asteraceae)

Bis 50 cm hohe, mehrjährige Pflanze mit kräftiger Pfahlwurzel. Blätter in grundständiger Rosette, länglich-lanzettlich, kahl, bisweilen fast ganzrandig, meist gebuchtet, grob gesägt bis schrotsägeförmig. Blüten in einzelnen, endständigen, goldgelben Blütenköpfchen auf hohlem, biegsamen, blattlosem Stengel. Früchte schnell reifend. Schirmchenflieger. Sehr formenreiche Sammelart.

Blütezeit: April – Mai (bis September)
Standort: Fast überall verbreitet auf Wiesen, Feldern, Wegen, in Gärten; von der Ebene bis ins Gebirge
Verbreitung: Weltweit in gemäßigten Zonen
Verwendbare Pflanzenteile: Blüten, Kraut mit Wurzeln

Inhaltsstoffe: Vitamin C, Vitamin A, Bitterstoffe, Gerbstoffe, Flavonoide, Inulin, wenig ätherisches Öl
Sammelzeit: Frühjahr
Anwendung: Bei Verdauungsstörungen, Leber- und Galleleiden, Rheuma und Gicht. Wirkt wassertreibend. In der Volksmedizin gerne zu Frühjahrskuren.
In der Küche junge Blätter zu Salaten, Blüten zu Sirup und Wein.

Der weiße Milchsaft gibt auf der Haut braune Flecken. Nach Aussaugen des Milchsaftes wurden bei Kindern Vergiftungserscheinungen beobachtet.

Anbau im Garten
– Sammeln – Trocknen

Löwenzahn ist so weit verbreitet, daß sich der Anbau im Garten erübrigt.

Das Kraut erntet man im Frühjahr vor der Blütezeit, wenn sich die Knospen noch nicht geöffnet haben. Die Wurzeln werden am besten im Herbst geerntet, ihr Inulingehalt beträgt zu dieser Zeit 40% (im Frühjahr dagegen 1–2%). Man spaltet die Wurzeln und trocknet sie bei schwacher, künstlicher Wärme.

Tee	**zu ,,Blutreinigungskuren'', wassertreibend**

1 EL (ca. 3 g) getrocknetes, geschnittenes Kraut mit Wurzeln
$^1/_4$ l Wasser
Kraut mit kaltem Wasser ansetzen und zum Kochen bringen. 15 Minuten ziehen lassen. Abseihen. Täglich 2 Tassen.
(Eine Löwenzahnkur sollte 4–6 Wochen dauern.)

Saft

Zu Frühjahrs- und Herbstkuren ist frischer Preßsaft vom Löwenzahn sehr geschätzt. Er wirkt entschlackend und beeinflußt das Allgemeinbefinden günstig. Nebenwirkungen sind nicht zu befürchten.
2mal täglich 1 Eßlöffel mit etwas Tee oder Mineralwasser.

Honig

100 g Blüten ohne Hüllblätter (frisch)
500 g Zucker
$^1/_2$ l Wasser
Blütenkörbchen teilen und Blüten herausstreifen. 6 Minuten im Wasser durchkochen, abseihen und ausdrücken. Den gewonnenen Saft mit dem Zucker ca. 15 Minuten sprudelnd bis zur Sirupdicke einkochen, heiß in Gläser füllen.
Löwenzahn-Honig kann auskristallisieren, wird jedoch im heißen Wasserbad wieder flüssig.
Am besten bereitet man während der Blütezeit Saft, den man dann in $^1/_2$-l-Behältern einfriert, so daß man je nach Bedarf frischen Honig bereiten kann.

Mädesüß, Echtes Mädesüß, Spierstrauch
Filipendula ulmaria
Rosengewächse (Rosaceae)

0,5–1,5 m hohe, ausdauernde Pflanze mit kräftigem Wurzelstock. Stengel aufrecht, kantig. Blätter wechselständig, unterbrochen gefiedert, d. h. große und kleine Fiederblätter wechseln sich ab. Blüten klein, in vielblütigen, dichten Rispen; stark duftend.

Blütezeit: Juni – August
Standort: In nassen Wiesen, an Gräben, Ufern, in feuchten Gebüschen und Auwäldern
Verbreitung: Europa, Asien
Verwendbare Pflanzenteile: Blüten
Inhaltsstoffe: Ätherisches Öl mit Salicylsäureverbindungen, Vanillin, Gerbstoffe, Schleim
Sammelzeit: Sommer
Anwendung: Gegen Rheuma und Gicht, als schweißtreibendes Mittel bei Erkältungen, Fieber, grippalen Infekten, als harntreibendes Mittel Bestandteil von „Blutreinigungs-Tees", bei Erkrankung der Harnwege.

Tee	bei Erkältungen und grippalen Infekten

2 TL (ca. 2 g) getrocknete Blüten
1/4 l Wasser
Blüten mit kochendem Wasser übergießen.
10 Minuten ziehen lassen, abseihen.
2mal täglich 1 Tasse.

Majoran
Origanum majorana
Lippenblütengewächse (Lamiaceae)

20–50 cm hohes, einjähriges Kraut (im Mittelmeergebiet mehrjährig). Stengel aufsteigend oder aufrecht, vierkantig, stark verzweigt, bräunlich oder rötlich angelaufen. Laubblätter gegenständig, spatelig, kurz gestielt, ganzrandig, graugrün, beiderseits mit Drüsenhaaren. Blüten unscheinbar, weißlich bis rosa, in dichten, eiförmigen Scheinähren. Ganze Pflanze riecht aromatisch.
Blütezeit: Juli – September
Standort: Als Würz- und Heilpflanze kultiviert
Verbreitung: Heimat östliches Mittelmeergebiet
Verwendbare Pflanzenteile: Kraut

Inhaltsstoffe: Ätherisches Öl, Bitter- und Gerbstoffe
Sammelzeit: Sommer
Anwendung: Bei Magen-, Darm- und Gallebeschwerden, Verdauungsschwäche, Appetitlosigkeit, Durchfall, bei Husten, Keuchhusten, Asthma, in Cremeform bei Schnupfen. Zu Kräuterkissen, Kräuterwickeln und Bädern.
In der Küche als Gewürz zu Eintöpfen, fetten Braten, Pilzgerichten, Kartoffeln, Geflügel. Beliebtes Wurstgewürz (Volksname „Wurstkraut").

Anbau im Kräutergarten
– Sammeln – Trocknen

Majoran wird im März in Kistchen ausgesät. Keimdauer 15–20 Tage. Wenn im Mai keine Fröste mehr zu erwarten sind, setzt man die kräftigsten Pflanzen im Abstand von 15 cm ins Freie. Die Aussaat direkt ins Freiland geschieht im Mai. Saatgut nicht bedecken, sondern nur leicht andrücken. Majoran wächst langsam. Er bevorzugt leichte Böden und kann auch in Blumentöpfen oder Containern auf dem Balkon gezogen werden.

Kurz vor der Blüte beginnt die Ernte. Man schneidet die Stengel nicht zu tief über dem Boden ab und hängt sie in dünnen Sträußen zum Trocknen auf. Die getrockneten Blätter und Blütenknospen werden dann abgerebelt und in gut schließenden Gefäßen aufbewahrt.
Im Spätsommer erfolgt ein zweiter Schnitt.

| **Tee** | **bei Verdauungsschwäche und Appetitlosigkeit** |

1 gehäufter TL (ca. 0,5 g) getrocknetes Kraut
$^{1}/_{4}$ l Wasser
Das Kraut mit kochendem Wasser übergießen.
5 Minuten ziehen lassen. Abseihen.
2mal täglich 1 Tasse.

Großmutters Schnupfensalbe
1 EL (ca. 1 g) gepulvertes Kraut
1 EL Weingeist 96%
20 g Butter
Majoranpulver mit dem Weingeist übergießen und verschlossen über Nacht stehenlassen. Durch einen Kaffeefilter filtern und ausdrücken. Diesen Ansatz in frische, im Wasserbad erwärmte Butter einrühren und in ein kleines Gefäß füllen. Erkalten lassen. Im Kühlschrank aufbewahren – jedoch nur begrenzt haltbar (Majoransalbe ist in haltbarer Rezeptur in der Apotheke erhältlich).
Bei Schnupfen mehrmals täglich in die Nasenöffnungen streichen und durch Zusammendrücken der Nasenflügel verteilen.
Die Salbe soll auch bei Blähungen von Säuglingen wirksam sein – dazu reibt man die Nabelgegend etwas mit dieser Salbe ein.

Mariendistel
Silybum marianum
Korbblütengewächse (Asteraceae)

50–150 cm hohe, ein- bis zweijährige, krautige Pflanze mit Pfahlwurzel. Stengel meist verzweigt, gefurcht bis kantig. Blätter glänzend grün, den Nerven entlang hell gefleckt, buchtig gelappt, am Rand gelb bedornt. Blüten rot-purpurn. Blütenköpfe einzeln, aufrecht oder nickend. Äußere Hüllblätter mit kräftigen, zurückgebogenen Dornen. Früchte 6–7 mm lang, hart.

Blütezeit: Mai – September
Standort: Als Zier- und Heilpflanze kultiviert
Verbreitung: Heimat Mittelmeergebiet
Verwendbare Pflanzenteile: Früchte
Inhaltsstoffe: Silymarin und andere Flavonoide, Bitterstoffe, Schleim, ätherisches Öl, Harze, Histamin, fettes Öl, Eiweiß

Sammelzeit: Ende Sommer
Anwendung: Bei Leberschädigungen und -erkrankungen, bei Galleleiden. In der Volksheilkunde zur Behandlung von Unterschenkelgeschwüren und Krampfadern.

Tee	zur Leberschutztherapie

1 TL (ca. 4 g) zerquetschte Früchte
$^1/_4$ l Wasser
Früchte mit kochendem Wasser übergießen.
15 Minuten ziehen lassen. Abseihen.
2–3mal täglich 1 Tasse.

Melisse, Zitronen-Melisse
Melissa officinalis
Lippenblütengewächse (Lamiaceae)

30–60 (–120) cm hohe, ausdauernde Pflanze mit kurzem Rhizom. Stengel aufrecht oder aufsteigend, vierkantig. Blätter hellgrün, gestielt, gegenständig, eiförmig, grob gekerbt-gesägt, schwach behaart. Blüten weißlich, zu 3–6 in achselständigen Scheinquirlen. Ganze Pflanze riecht stark nach Zitrone. Gute Bienenweide.

Blütezeit: Juni – September

Standort: In Mitteleuropa als Heilpflanze kultiviert, selten verwildert

Verbreitung: Heimat östliches Mittelmeergebiet

Verwendbare Pflanzenteile: Blätter

Inhaltsstoffe: Ätherisches Öl, Bitterstoffe, Triterpensäuren, Flavonoide, Gerbstoffe

Sammelzeit: Sommer

Anwendung: Wirkt leicht beruhigend, krampflösend und blähungstreibend, bei leichten Schlafstörungen, Unruhe, nervösen Herzbeschwerden, Kopfschmerzen, Migräne, nervösen Magen- und Darmstörungen. Zu Einreibungen bei Rheumatismus und Nervenschmerzen, zu Bädern, Umschlägen und Kräuterkissen.

Zur Herstellung von Melissengeist und Kräuterlikören.

In der Küche als Würzkraut zu Salaten, Quark, Saucen und Fisch.

Anbau im Kräutergarten
– Sammeln – Trocknen

Melisse wird im Frühjahr ausgesät und durch Wurzelstockteilung vermehrt. Sie braucht einen warmen Standort, ansonsten stellt sie keine besonderen Ansprüche. Breitet sich schnell aus. Sie eignet sich auch für die Topfkultur auf der Fensterbank oder dem Balkon.

Frische Blätter können vom Frühjahr bis zum Herbst geerntet werden. Die Haupternte erfolgt vor der Blüte. Die Blätter müssen rasch und schonend im Schatten getrocknet werden. Sie verlieren schnell an Wirksamkeit, sollten daher nicht länger als 1 Jahr aufbewahrt werden.

Tee | **wirkt leicht beruhigend, krampflösend und blähungstreibend**

1 EL (ca. 1 g) getrocknete, geschnittene Blätter
¹/₄ l Wasser
Blätter mit kochendem Wasser übergießen.
10 Minuten ziehen lassen. Abseihen.
Täglich 3 Tassen

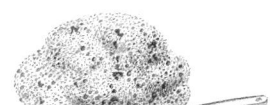

Vollbad | **zur Beruhigung und Entspannung**

50 getrocknete Blätter
1 l Wasser
Blätter mit kochendem Wasser übergießen.
10 Minuten ziehen lassen. Abseihen. Den Sud dem Vollbad zufügen.

Tee aus frischen Blättern | **wirkt beruhigend**

20 frische Blätter
1 l Wasser
Blätter mit kochendem Wasser übergießen.
10 Minuten ziehen lassen. Abseihen.
Täglich 3 Tassen.

Mixgetränk
1 kleine Handvoll frischer Blätter
¹/₂ l Vollmilch
Blätter waschen, grob schneiden und im Mixer mit der Milch gut durchmixen. Mit Honig süßen und kühl servieren.

Wein | **zur Beruhigung**

3 g getrocknete Blätter
1 l Weißwein
Blätter mit Weißwein übergießen und 5 Tage stehenlassen. Abseihen.
Vor dem Schlafengehen 1 Glas.

Mistel
Viscum album
Mistelgewächse (Loranthaceae)

Bis 1 m hoher, wintergrüner, auf Laub- und Nadelbäumen schmarotzender Strauch. Zweige gabelig, am Ende mit je einem Blattpaar. Laubblätter gelbgrün, ledrig, schmal zungenförmig. Blüten unscheinbar. Weiße, rundliche, beerenartige Scheinfrucht – ungenießbar.

Blütezeit: März – Mai

Standort: Man unterscheidet je nach Wirtspflanze 3 Sippen: Laubholzmistel, Tannenmistel, Föhrenmistel

Verbreitung: Europa, Asien

Verwendbare Pflanzenteile: Blätter

Inhaltsstoffe: Viscotoxin, Cholin, Acetylcholin, Histamine, Flavonoide

Sammelzeit: Spätherbst – Frühjahr

Anwendung: Bei hohem Blutdruck, Arteriosklerose, Ohrensausen, Schwindelgefühl.
In pharmazeutischen Präparaten zur Injektionstherapie bei präkanzerogenen Zuständen und Arthrosen.

Tee	bei leicht erhöhtem Blutdruck

1 gehäufter EL (ca. 5 g) getrocknete, geschnittene Blätter
$^1/_4$ l Wasser
Blätter mit kaltem Wasser übergießen. Über Nacht ziehen lassen. Abseihen.
Täglich 2 Tassen erwärmt.

Odermennig, Kleiner Odermennig
Agrimonia eupatoria
Rosengewächse (Rosaceae)

30–100 cm hohe, ausdauernde Pflanze. Stengel aufrecht, rauhhaarig, wenig verzweigt. Blätter unpaarig gefiedert, Teilblättchen gesägt; zwischen den großen sind kleinere Fiederblättchen eingeschoben. Blüten gelb, in langer, ährenförmiger Traube. Frucht hakig.

Blütezeit: Juni – September
Standort: An sonnigen Waldrändern, Böschungen, Wegen, in Halbtrockenrasen
Verbreitung: Europa – Südwestasien
Verwendbare Pflanzenteile: Kraut
Inhaltsstoffe: Kieselsäure, Gerbstoffe, ätherisches Öl, Bitterstoffe, Schleimstoffe
Sammelzeit: Sommer
Anwendung: Bei Magen-, Leber- und Galleleiden, bei Verdauungsbeschwerden mit Durchfall, bei Mund- und Rachenschleimhautentzündungen. Zu Umschlägen bei Geschwüren und Hautkrankheiten.

Tee	bei Durchfall und Verdauungs-beschwerden

1 EL (ca. 1,5 g) geschnittenes Kraut
$^{1}/_{4}$ l Wasser
Kraut mit kochendem Wasser übergießen.
10 Minuten ziehen lassen. Abseihen.
2–3mal täglich 1 Tasse.
(Kann auch als Gurgelmittel zur Pflege der Stimme verwendet werden.)

Pfefferminze
Mentha × piperita
Lippenblütengewächse (Lamiaceae)

30–80 cm hohe, ausdauernde Pflanze. Stengel vierkantig, aufrecht, meist verzweigt, oft rötlichviolett überlaufen. Laubblätter im Umriß dreieckig, kurz gestielt, 4–9 cm lang, Rand grob gezähnt. Blüten klein, hellviolett, in dichten, endständigen Scheinähren. Die ganze Pflanze riecht aromatisch.

Blütezeit: Juni – August

Standort: Wird weltweit kultiviert und kommt gelegentlich verwildert vor. Bastard aus *M. spicata* × *M. aquatica*

Verbreitung: Weltweit kultiviert

Verwendbare Pflanzenteile: Blätter

Inhaltsstoffe: Ätherisches Öl mit Menthol als Hauptbestandteil, Gerb- und Bitterstoffe

Sammelzeit: Ende Frühjahr – Sommer

Anwendung: Bei akuten und chronischen Magen- Darmkatarrhen, Appetitlosigkeit, Blähungen, Übelkeit, Erbrechen, bei Dysfunktionen im Leber-Galle-Bereich. Pfefferminzöl in Salben und Einreibemitteln bei Migräne, Neuralgien, Juckreiz und Schnupfen.

In der Homöopathie.

In der Likörherstellung.

In der Küche als Gewürz zu Salaten, Suppen, Saucen, Eintöpfen; Bestandteil von Erfrischungsgetränken.

Anbau im Kräutergarten
– Sammeln – Trocknen

Pfefferminze wird durch Stockteilung vermehrt. Man pflanzt im Frühjahr ca. 10 cm lange Wurzelstücke ungefähr 5 cm tief in den Boden ein. Die Pflanze erfordert keine besondere Pflege, nach 3 Jahren sollten die Pflanzen allerdings umgesetzt werden. Pfefferminze läßt sich auch in Containern auf dem Balkon ziehen.

Frische Triebe und Blätter können vom Frühjahr bis Herbst geerntet werden. Die Haupterntezeit liegt kurz vor der Blüte, Ende August erfolgt ein zweiter Schnitt. Man schneidet die Stengel etwa 5 cm über der Erde ab und streift die Blätter ab. Getrocknet wird an einem luftigen, schattigen Platz. Die getrockneten Blätter müssen in dicht schließenden Gefäßen aufbewahrt werden.

Tee	zur Förderung der Gallesekretion, bei Appetitlosigkeit, Übelkeit

1 EL (ca. 1 g) getrocknete, geschnittene Blätter
¹/₄ l Wasser
Blätter mit kochendem Wasser übergießen.
10 Minuten ziehen lassen. Abseihen.
Täglich 2–3 Tassen.

Pfefferminz-Tee ist für den Dauergebrauch ungeeignet!

Tinktur
20 g grob gepulverte Blätter
200 ml Alkohol 70%
Blätter mit dem Alkohol übergießen und in einem verschlossenen Glas 5 Tage lang bei Zimmertemperatur ausziehen lassen. Mehrmals täglich schütteln. Danach abseihen, auspressen und klarfiltern. Vor Licht geschützt aufbewahren.
In der Volksheilkunde wird eine feuchte Kompresse mit etwas Pfefferminz-Tinktur bei Kopfschmerzen, Migräne und Müdigkeit auf die Stirn gelegt oder man reibt die Schläfen mit ein paar Tropfen dieser Tinktur ein.

Mundwasser
2 EL Pfefferminz-Tinktur
30 ml Alkohol 96%
70 ml destilliertes Wasser
Alle Zutaten in eine Flasche füllen und den Inhalt kräftig durchschütteln.
Zur Mundpflege 1 TL Mundwasser in ein Glas lauwarmes Wasser geben und Mund und Rachen gründlich spülen.

Quecke, Gemeine Quecke
Agropyron repens
Süßgräser (Poaceae)

30–150 cm hohes, ausdauerndes Gras mit langen, unterirdischen Ausläufern. Blätter linealich, grün oder blaugrün. Stengel kahl, aufrecht. Blütenähre bis 15 cm lang.

Blütezeit: Juni – Juli

Standort: Auf Äckern, in Gärten, an Wegrändern – schwer ausrottbares Unkraut

Verbreitung: Europa, Asien, weltweit verschleppt

Verwendbare Pflanzenteile: Wurzeln

Inhaltsstoffe: Ätherisches Öl, Schleimstoffe, Kieselsäure, Triticin, Zucker, Inosit

Sammelzeit: Frühjahr oder Herbst

Anwendung: Besonders in der Volksheilkunde bei Erkrankungen der Harnwege, Rheuma, Arthritis, Bronchitis, Hautausschlägen und unreiner Haut, als mildes Abführmittel. In „Blutreinigungs-Tees" zur Frühjahrskur.

Tee	zur „Blutreinigungskur"

1 EL (ca. 3 g) gut getrocknete, geschnittene Wurzeln

$^1/_4$ l Wasser

Wurzeln mit kaltem Wasser übergießen und langsam zum Kochen erhitzen. 10 Minuten ziehen lassen. Abseihen.

2–3mal täglich 1 Tasse.

Ringelblume, Garten-Ringelblume
Calendula officinalis
Korbblütengewächse (Asteraceae)

20–50 cm hohe, meist einjährige Pflanze mit dünner Pfahlwurzel. Stengel aufrecht, kantig, drüsig behaart. Laubblätter wechselständig, ganzrandig oder schwach gezähnt, drüsig behaart. Blütenköpfe 2–5(-7) cm breit mit vielen orangefarbenen Zungenblüten.

Blütezeit: Juni – Oktober
Standort: Verwildert auf Schuttplätzen, Äckern, an Wegrändern; als Zier- und Heilpflanze in Gärten angebaut
Verbreitung: Heimat Südeuropa, weit verbreitet
Verwendbare Pflanzenteile: Blüten
Inhaltsstoffe: Ätherisches Öl, Saponine, Carotinoide, Flavonoide, Bitterstoffe, organische Säuren

Sammelzeit: Sommer – Anfang Herbst
Anwendung: Zu Umschlägen und in Salben zur Behandlung von Wunden und schlecht heilenden Geschwüren, Quetschungen, Verstauchungen, Frostbeulen. Zum Gurgeln und Spülen bei Rachen- und Zahnfleischentzündungen. Innerlich wirkt sie krampflösend und galletreibend. In der Homöopathie bei Wunden.
In der Kräuterkosmetik zu Hautcremes und Hautölen; als Schönungsdroge in Teemischungen.
In der Küche gelegentlich zum Färben von Speisen.

Anbau im Garten
– Sammeln – Trocknen

Die Ringelblume wird gerne als Ersatz für die unter Naturschutz stehende und nur schwer kultivierbare Arnika angebaut. Der Samen wird im Frühjahr ausgesät, die dicht stehenden Jungpflanzen müssen später dann verzogen werden. Die Pflanze gedeiht auf allen Böden. Hat sie sich erst einmal im Garten angesiedelt, so sät sie sich immer wieder von selbst aus und verbreitet sich schnell. Die leuchtend orangefarbenen Blüten können von Juni bis September kurz nach dem Aufblühen bei trockenem Wetter gesammelt werden. Sie müssen schnell und ohne Anwendung künstlicher Wärme im Schatten getrocknet werden. Beim Trocknen entwickeln sie einen angenehmen Duft.

Die getrockneten Blüten werden vor Licht geschützt in dicht schließenden Gefäßen aufbewahrt.

| Tee | wirkt leicht krampflösend und galletreibend |

2 gehäufte TL (ca. 1 g) getrocknete Blüten
$^1/_4$ l Wasser
Blüten mit kochendem Wasser übergießen.
10 Minuten ziehen lassen. Abseihen.
2–3mal täglich 1 Tasse.
Dieser Tee kann auch zu Mundspülungen, zum Gurgeln, für Umschläge und Kompressen verwendet werden.

| Salbe | bei Quetschungen, Verstauchungen, schmerzenden Gelenken |

125 g frische Blüten
500 g Schweineschmalz
Blütenköpfe mit Kelch etwa 1 cm breit schneiden. Schmalz in einem großen Topf zum Sieden erhitzen, dann Blüten ins heiße Fett geben (Vorsicht, schäumt!). Topf vom Feuer nehmen und über Nacht stehen lassen. Am nächsten Tag das Fett wieder erwärmen und durch ein Baumwolltuch gießen. Im Kühlschrank aufbewahren.

Von der oft beschriebenen Anwendung bei offenen Wunden raten wir ab, wegen der damit verbundenen Infektionsgefahr!

| Ringelblumen-Kamillen-Kräuteröl | zur täglichen Pflege empfindlicher Haut |

5 g getrocknete Ringelblumenblüten
5 g getrocknete Kamillenblüten
0,5 l Olivenöl
Die Blüten in eine weithalsige Glasflasche füllen und mit dem Öl übergießen. 4 Wochen gut verschlossen stehenlassen. Danach abfiltern und in kleine Flaschen füllen.

Rosmarin
Rosmarinus officinalis
Lippenblütler (Lamiaceae)

50–200 cm hoher, immergrüner, stark verzweigter Strauch. Blätter nadelförmig, ganzrandig, ledrig, nach unten eingerollt. 1,5–4 cm lang. Blüten in kurzen, rispenähnlichen Blütenständen, Krone blau.

Blütezeit: April – September
Standort: Auf trockenen, steinigen Böden
Verbreitung: Im ganzen Mittelmeerraum heimisch
Verwendbare Pflanzenteile: Blätter
Inhaltsstoffe: Ätherisches Öl, Flavone
Sammelzeit: Frühjahr – Sommer
Anwendung: Rosmarinöl zu Einreibungen bei Rheuma, Migräne, Nervenschmerzen, Durchblutungsstörungen, zu Bronchialbalsamen und als Badezusatz. Bei Erschöpfungszuständen und Kreislaufstörungen, zur Anregung der Verdauung, bei Appetitlosigkeit. In der Volksheilkunde bei Galleleiden, Blähungen, schlecht heilenden Wunden, Ekzemen, Schwächezuständen, Krankheiten der Unterleibsorgane, Wassersucht, Rheuma, Krämpfen, Lähmungen, Kopfschmerzen, zur Potenzsteigerung. In der Homöopathie im Klimakterium.

In der Küche als Gewürz zu Geflügel, Wild, Suppen und Saucen.

In der Kräuterkosmetik zur Gesichtspflege. In der Mythologie gilt Rosmarin seit der Antike als Kraut der Schönheit, Jugend, Liebe und Treue. In Bayern wird es bisweilen in Brautsträuße gebunden (Volksname ,,Brautkraut", ,,Hochzeitsblume"). Auszüge von Rosmarin verwendet man in Mitteleuropa seit dem 16. Jahrhundert zur Schönheitspflege.

Anbau im Kräutergarten
– Sammeln – Trocknen

Rosmarin ist eine frostempfindliche Mittelmeerpflanze, die bei uns im Haus überwintert werden muß. Die Anzucht erfolgt aus Samen oder Stecklingen. Jungpflanzen werden gelegentlich von Gärtnereien angeboten.

Im Mittelmeergebiet findet man Rosmarin in Meeresnähe oft in großen Beständen, so daß sich das Sammeln lohnt. Man schneidet die Zweigspitzen während der Blüte ab und trocknet sie schonend im Schatten, damit die ätherischen Öle erhalten bleiben. Die nadelförmigen Blätter trocknen recht schnell und lassen sich dann leicht abrebeln.

Tee	bei Verdauungsschwäche, Appetitlosigkeit, allgemeinen Erschöpfungszuständen

2 TL (ca. 2 g) getrocknete Blätter
$^1/_4$ l Wasser
Blätter mit kaltem Wasser übergießen, zum Sieden erhitzen und gleich abseihen.
2mal täglich 1 Tasse.

Wein	zur allgemeinen Kräftigung

20 g getrocknete Blätter
1 l Weißwein
Blätter mit dem Wein ansetzen und 1 Woche an einem kühlen Platz stehenlassen. Öfters schütteln. Danach abseihen.
Täglich 1–2 Gläschen.

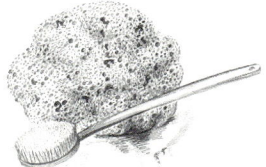

Vollbad	zur Stärkung des Kreislaufs

50 g getrocknete Blätter
1 l Wasser
Blätter im Wasser kurz aufkochen, 30 Minuten ziehen lassen, abseihen und den Sud zum Vollbad geben.
Ein Rosmarin-Bad wirkt anregend, sollte also nicht vor dem Schlafengehen genommen werden.

Gesichtsmaske
1 TL gemahlene Blätter
1 EL Bienenhonig
1 Eigelb
Alle Zutaten zu einem Brei verrühren und gleichmäßig auf Gesicht und Hals auftragen. 15–20 Minuten einwirken lassen und dann mit warmem Wasser abwaschen.
(Getrocknete Rosmarinblätter lassen sich in der elektrischen Kaffeemühle fein mahlen.)

Salbei, Echter Salbei, Gartensalbei
Salvia officinalis
Lippenblütengewächse (Lamiaceae)

20–70 cm hoher, ausdauernder Halbstrauch, Stengel stark verzweigt, im unteren Teil verholzt. Blätter gestielt, graufilzig-grünlich, ledrig-derb, runzelig, zum Teil wintergrün. Geruch und Geschmack streng würzig. Blüten meist blauviolett, in Scheinquirlen.

Blütezeit: Juni – August

Standort: In Mitteleuropa in verschiedenen Unterarten kultiviert. Selten verwildert

Verbreitung: Südeuropa

Verwendbare Pflanzenteile: Blätter

Inhaltsstoffe: Ätherisches Öl, Gerbstoffe, Bitterstoffe, Saponine, Harz

Sammelzeit: Ende Frühjahr – Anfang Herbst

Anwendung: Innerlich zur Einschränkung der Schweißsekretion, bei entzündlichen und katarrhalischen Erkrankungen des Magen-Darmkanals, bei Husten und Verschleimung, bei Menstruationsstörungen. Zum Gurgeln bei Zahnfleisch- und Halsentzündungen. In der Volksheilkunde zur Hemmung der Milchsekretion. In der Kräuterkosmetik zur Mundpflege und Haarkräftigung.

In der Küche als frische und getrocknete Salbeiblätter als Gewürz für Fleisch- und Fischgerichte, Suppen und Quarkspeisen.

Der Echte Salbei darf nicht mit dem Wiesen-Salbei verwechselt werden, dessen Blätter wesentlich weniger Wirkstoffe enthalten.

Anbau im Kräutergarten
– Sammeln – Trocknen

Der Echte Salbei gehört in jeden Kräutergarten. Er läßt sich durch Stecklinge und Ableger vermehren. Einfacher ist die Anzucht aus Samen. Aussaat im April in Kästchen. Die Jungpflanzen werden später in Töpfe oder in den Garten gepflanzt. Sie blühen im Hochsommer des zweiten Jahres. Salbei bevorzugt sonnige, trockene Plätze und kalkhaltigen Boden. Im Sommer werden Jungpflanzen von gut sortierten Gärtnereien angeboten.

Für die Küche können frische Salbeiblätter das ganze Jahr über im Garten oder von Balkonpflanzen geholt werden.

Zum Trocknen erntet man die Blätter und jungen Triebe kurz vor oder während der Blütezeit. Im Spätsommer ist ein zweiter Schnitt möglich. Die filzigen Blätter werden in dünnen Lagen ausgelegt. Sie trocknen ziemlich langsam und müssen vor Licht geschützt in gut schließenden Behältern aufbewahrt werden.

Tee	bei Husten und Verschleimung, entzündlichen und katarrhalischen Erkrankungen des Magen-Darm-Kanals

2 TL (ca. 1 g) getrocknete, fein geschnittene Salbeiblätter
$\frac{1}{4}$ l Wasser
Salbeiblätter mit kochendem Wasser übergießen. 15 Minuten ziehen lassen. Abseihen.
2–3 Tassen täglich.
Zum Gurgeln bei Hals- und Zahnfleischentzündungen kann ein etwas stärkerer Aufguß genommen werden.

Der Tee eignet sich nicht zum Dauergebrauch!

Tinktur
20 g getrocknete Blätter
200 ml Weingeist 70%
Salbeiblätter fein zerreiben und mit dem Weingeist ansetzen. 4 Wochen verschlossen stehen lassen. Gelegentlich umschütteln. Dann abseihen und mit einem Papierfilter klarfiltern.
1 Teelöffel (etwa 4 ml) dieser Salbei-Tinktur auf 1 Glas warmes Wasser zum Gurgeln bei Halsentzündungen und zur natürlichen Zahnfleischpflege.

Tee zum Gurgeln
30 g Blutwurzel
30 g Eichenrinde
20 g Salbeiblätter
20 g Kamillenblüten
Einen gehäuften Teelöffel in dieser Teemischung übergießt man mit 1 Tasse kochend heißem Wasser. 10 Minuten ziehen lassen. Abseihen.
Etwa alle 3 Stunden damit gurgeln.

Wein	zur allgemeinen Stärkung, bei nervöser Erschöpfung

10 g getrocknete Blätter
1 l Weißwein
Salbeiblätter fein zerreiben und mit dem Weißwein ansetzen. 1 Woche stehen lassen. Gelegentlich umschütteln. Dann abseihen und mit einem Papierfilter klarfiltern.
3mal täglich 1 Likörgläschen.

Gesichts-dampfbad	zur Reinigung der Gesichts-haut

3 gehäufte EL (ca. 10 g) getrocknete Blätter
1 l Wasser
Das kochend heiße Wasser über die Salbeiblätter gießen. Die aufsteigenden Dämpfe etwa 8 Minuten auf die Haut einwirken lassen. Kopf und Gefäß mit einem Tuch bedecken.
Nach diesem porenreinigenden Dampfbad das Gesicht mit kaltem Wasser abwaschen.

Haar-spülung	zur Erfrischung der Kopfhaut und Kräftigung des Haares

3 gehäufte EL (ca. 10 g) getrocknete Blätter
$^1/_2$ l Wasser
Salbeiblätter mit kochend heißem Wasser übergießen. Etwa 30 Minuten ziehen lassen. Durch ein Baumwolltuch filtern. Mit dem lauwarmen Aufguß das gewaschene Haar spülen und die Kopfhaut gründlich massieren.

Salbei-Bonbons
50 g frische Salbeiblätter
$^1/_2$ l Wasser
500 g Zucker
25 g Traubenzucker
20 g Butter
1 TL gemahlene Fenchelfrüchte
Salbeiblätter waschen, kleinschneiden, mit Wasser bedecken und etwa $^1/_2$ Stunde kochen. Abseihen und Blätter ausdrücken. Den gewonnenen Saft (ca. $^1/_4$ l) mit Zucker, Traubenzucker, Butter und Fenchel unter Rühren bei niederer Hitze etwa 20 Minuten kochen. Die dickflüssige Masse auf ein geöltes Backblech gießen. Vor dem Erstarren in Bonbonform schneiden, trocknen lassen.

Sanddorn
Hippophae rhamnoides
Ölweidengewächse (Elaeagnaceae)

2–6 m hoher, sparriger, stark dorniger Strauch oder Baum. Laubblätter wechselständig, kurzgestielt, lineal-lanzettlich, ganzrandig, etwa 5–8 cm lang, oberseits graugrün, unterseits silbrig-weiß bis kupferrot glänzend. Männliche und weibliche Blüten unscheinbar; zweihäusig. Früchte rundlich, orangegelb bis orangerot, saftreich. Geschmack sauer. Fruchtreife September.

Blütezeit: April

Standort: Kiesige Auwälder und Küstendünen. Oft als Zierstrauch und zur Bodenbefestigung gepflanzt

Verbreitung: Europa, Asien

Verwendbare Pflanzenteile: Früchte

Inhaltsstoffe: Viel Vitamin C, außerdem verschiedene andere Vitamine, Flavonoide, Anthocyane, Fruchtsäuren, Mineralstoffe, Zucker

Sammelzeit: Herbst

Anwendung: Die Früchte in Form von Säften und Sirupen als erfrischende Getränke bei Erkältungskrankheiten mit Fieber, bei Appetitlosigkeit und Erschöpfungszuständen.
Zur Aromatisierung von Säften und Süßwaren. Zur Herstellung von Reform- und Rohkosterzeugnissen. In der Getränkeindustrie und in der pharmazeutischen Industrie.

Anbau im Garten – Sammeln

Sanddorn ist stellenweise geschützt. Die Wildsträucher sind zu schonen. Für den Garten werden Sträucher von jeder Baumgärtnerei angeboten. Wer Sanddorn im Garten pflanzt, muß darauf achten, daß die Pflanze zweihäusig ist. Man braucht also ein männliches und ein weibliches Exemplar.
Sanddorn-Früchte reifen im September. Sie können bis Dezember gesammelt werden. Ihre Ernte ist etwas problematisch, da die reifen Früchte beim Ernten leicht zerplatzen. Am besten mit der Schere abschneiden.

Sanddorn-Saft

Die vollreifen Sanddornfrüchte enthalten viel Vitamin C, außerdem die Vitamine B, E, F und P. Zur Saftgewinnung werden die Früchte kurz gewaschen (im Sieb überbrausen).

Fruchtsaft kann man im elektrischen Haushaltsentsafter, mit einer Handpresse oder einfach durch Ausdrücken in einem Sieb bereiten. Zu Kochsaft werden die Früchte mit Wasser bedeckt. 1 Teil Sanddornfrüchte mit 2 Teilen Wasser 2 Minuten kochen, abseihen und ausdrücken.

Sanddornsaft kann man auch im Dampfentsafter unter Zugabe von Zucker gewinnen.

Der konzentrierte Saft läßt sich gut in der Tiefkühltruhe aufbewahren.

Reinen Sanddornsaft sollte man zum Trinken mit Mineralwasser im Verhältnis 1:4 verdünnen, so erhält er erst seinen Wohlgeschmack. Zum Bereiten von Wildfruchtmarmelade wird der Saft unverdünnt mit anderen Früchten verarbeitet.

Sanddorn Gelee

$^1/_2$ l Sanddorn-Saft, verdünnt
600 g Gelierzucker

Sanddorn-Saft und Gelierzucker mischen. Unter Rühren erhitzen. 4 Minuten kochen. Sanddorn-Gelee heiß in Gläser füllen. Mit Zellglas verschließen.

Sanddorn-Gelee ist ein gesunder Brotaufstrich. Er wird auch gerne zum Verfeinern von Quarkspeisen, Milchmixgetränken und Süßwaren verwendet.

Schafgarbe
Achillea millefolium
Korbblütengewächse (Asteraceae)

10–80 cm hohe, ausläufertreibende, mehrjährige Pflanze. Stengel zäh, unverzweigt. Laubblätter 2- bis 3fach fiederspaltig. Blüten in einem schirmrispigen Blütenstand. Formenreiche Art mit würzigem Geruch.

Blütezeit: Juni – Oktober
Standort: Auf Wiesen, Weiden, Äckern, Wegen
Verbreitung: Europa bis Sibirien
Verwendbare Pflanzenteile: Kraut
Inhaltsstoffe: Ätherisches Öl mit Cineol und Chamazulen, Bitterstoffe, Gerbstoffe, Flavonoide
Sammelzeit: Sommer
Anwendung: Bei Magen-Darm-Katarrhen, Verdauungsbeschwerden, Appetitlosigkeit, Leber- und Galleleiden, Menstruationsbeschwerden. Äußerlich wie Kamille bei Wunden und Geschwüren, bei Entzündungen im Bereich der Mundhöhle.
In der Küche junge Blätter zu Wildgemüse und Salaten.

Tee	aromatisches Bittermittel bei Magen-Darm-Katarrhen, Verdauungsbeschwerden, Appetitlosigkeit

1 gehäufter EL (ca. 2 g) Kraut
1/4 l Wasser
Kraut mit kochendem Wasser übergießen.
10 Minuten ziehen lassen.
Täglich 2–3 Tassen.

Schlehdorn, Schwarzdorn
Prunus spinosa
Rosengewächse (Rosaceae)

1–3 m hoher, dorniger Strauch, der sich durch Kriechwurzeln und Schößlinge stark ausbreitet. Zweige mit harten Dornspitzen und dunkler Rinde. Blätter eiförmig bis lanzettlich, gezähnt, gestielt. Blüten klein, weiß, duftend, erscheinen vor dem Laubaustrieb. Früchte schwarzblau, bereift, rundlich, mit Stein. Geschmack herb-zusammenziehend.

Blütezeit: April – Mai
Standort: In Gebüschen, an Wald- und Wegrändern
Verbreitung: Europa, Westasien
Verwendbare Pflanzenteile: Blüten und Früchte

Inhaltsstoffe: In den Blüten Nitrilglucosid, Cumarinverbindungen, Flavonglykosid, Benzaldehyd. In den Früchten Gerbstoffe, Vitamin C, Zukker, Säuren, Pektin, Farbstoffe, Amygdalin
Sammelzeit: Blüten im Frühjahr, Früchte im Herbst
Anwendung: Blüten als mildes Abführmittel. In der Volksheilkunde bei Husten, Wassersucht, Steinleiden und als „Blutreinigungsmittel".
Schlehenmus aus reifen Früchten bei Appetitlosigkeit, Blasenleiden, Hals- und Mundschleimhautentzündungen.
In der Küche Früchte zu Mus, Saft, Marmeladen, Wein und Likören.

Sammeln – Trocknen

Schlehenblüten sammelt man nach dem Aufblühen, solange sie noch schön weiß sind. Trocknen
in dünnen Lagen bei mäßiger künstlicher Wärme.
Gut verschlossen aufbewahren.
Schlehenfrüchte reifen im Oktober. Man sammelt
sie aber erst nach den ersten Frösten. Die Früchte
schmecken dann nicht mehr so sauer. Sie können
gut in der Tiefkühltruhe konserviert werden.

Schlehenblüten-Tee	mildes Abführ-mittel

1–2 TL (ca. 0,5 g) getrocknete Blüten
¼ l Wasser
Blüten mit kochendem Wasser übergießen.
10 Minuten ziehen lassen. Abseihen.
Abends 1–2 Tassen.

Schlehen-Mus	bei Appetitlosigkeit

Schlehen verlesen und waschen. Mit Wasser bedeckt ca. 6 Minuten weichkochen. Durch ein Sieb
streichen. 1 kg Schlehen ergeben etwa 800 g Mus.
Dieses Mus schmeckt herb zusammenziehend.
Täglich 1–2 Eßlöffel.
Es wird in kleinen Portionen in der Tiefkühltruhe
eingefroren. Mit anderen Früchten gemischt ergibt
es vorzügliche Marmeladen mit apartem Wild-
fruchtgeschmack. Zum Mischen eignen sich
Weißdornfrüchte, Holunderbeeren, Hagebutten
und Gartenfrüchte.

Schlehen-Holunder-Marmelade
400 g Schlehen-Mus
600 g Holunderbeeren
1 kg Zucker
100 g Opekta
Schlehen-Mus, gewaschene Holunderbeeren und
Zucker mischen. Ab Kochzeit 10 Minuten kochen.
Dann Opekta zugeben und nochmals kurz durchkochen. Die Marmelade heiß in Gläser füllen und
mit Zellglas verschließen.

Schöllkraut, Warzenkraut
Chelidonium majus
Mohngewächse (Papaveraceae)

30–100 cm hohe, mehrjährige Pflanze mit kräftigem Wurzelstock. Stengel verzweigt, abstehend behaart. Laubblätter gefiedert, unterseits blaugrün. Blüten goldgelb, mit 4 Kronblättern, in langstieligen Dolden. Frucht eine schmale, bis 5 cm lange Schote. Alle Pflanzenteile führen einen orangegelben Milchsaft.

Blütezeit: Mai – September
Standort: An Wegen, Schuttplätzen, Waldrändern, Mauern
Verbreitung: Europa, Asien
Verwendbare Pflanzenteile: Kraut
Inhaltsstoffe: Verschiedene giftige Alkaloide
Sammelzeit: Frühjahr – Sommer
Anwendung: Innerlich bei Entzündungen und funktionellen Störungen der Gallenwege, der Gallenblase und des Verdauungstraktes. Äußerlich bei Warzen.

Schöllkraut ist eine Giftpflanze, über deren Anwendung der Arzt entscheiden sollte!

Schöllkraut als Warzenmittel
In der Volksheilkunde wird der orangegelbe Milchsaft zur Behandlung von Warzen verwendet. Sie werden mehrmals täglich mit dem frischen Milchsaft betupft. Vorsicht! Der Saft wirkt ätzend. Nicht in die Augen und auf Schleimhäute bringen!

Senf, Schwarzer Senf
Brassica nigra
Kreuzblütengewächse (Brassicaceae)

20–100 cm hohe, einjährige Pflanze. Stengel aufrecht, stark verzweigt. Laubblätter wechselständig, nicht stengelumfassend, grasgrün, nicht bläulich bereift. Blüten klein, Kelchblätter waagrecht abstehend. Kronblätter gelb. Samen dunkelrotbraun, kugelig, in linealischer, aufrechter Schote. Geschmack zuerst ölig, bald brennend scharf.

Blütezeit: Juni – September

Standort: Seit der Römerzeit in Mitteleuropa gepflanzt. Häufig verwildert

Verbreitung: Ursprünglich wahrscheinlich mediterrane Pflanze. Heute weltweit verbreitet

Verwendbare Pflanzenteile: Samen

Inhaltsstoffe: In den Samen das Senfölglykosid Sinigrin, das nach Zusatz von Wasser durch enzymatische Spaltung Allylsenföl bildet. Ferner fettes Öl, Schleim, Eiweiß

Sammelzeit: Sommer

Anwendung: Als Senfpflaster, Senfpapier, Senfspiritus und Senfwickel bei Rheumatismus, Hexenschuß, Gelenkentzündungen, Durchblutungsstörungen, Lungenentzündung, Brustfellentzündung, Bronchitis und Angina pectoris. Senfsamen wirken appetitanregend und verdauungsfördernd. Zur Herstellung von Speisesenf.

Der Weiße Senf (*Sinapis alba*) wird wie Schwarzer Senf verwendet. Er ist in Geschmack und Wirkung milder. Aus den Samen der beiden Senfarten wird unter Zugabe von Weinessig oder Most, Olivenöl und Gewürzen Speisesenf bereitet.

Senfmehl wird durch Entfetten der Samen gewonnen. Es wird gepulvert in Apotheken, Drogerien und Reformhäusern angeboten.

> Alle Senfzubereitungen wirken stark hautreizend. Sie dürfen nur bei gesunder Haut angewendet werden. Vorsicht bei Personen mit empfindlicher Haut! Nicht auf Schleimhäute bringen! Reines Senföl ist giftig und darf nicht verwendet werden.

111

Anbau im Garten – Sammeln

Senfkörner werden von kultivierten Pflanzen geerntet. Die Aussaat der dunkelrotbraunen Samen erfolgt im April. Anfangs entwickeln sich die Pflanzen langsam. Wenn sich die Schoten ab Juli gelb färben, wird geerntet. Der Schwarze Senf wird auch als Futter- und Gründüngungspflanze angebaut.

Senf-Brustwickel	**bei Erkrankungen der Atemwege, Bronchitis, Brustfell- und Lungenentzündung**

100 g Senfmehl (bei empfindlichen Patienten eine Mischung aus 50 g Senfmehl und 50 g Kleiemehl verwenden)
Tücher – 1 Baumwollinnentuch, größer als Mittel- und Außentuch
1 Moltonzwischentuch
1 Wollaußentuch
Zellstoff, Watte und Vaseline
Auf das ausgebreitete Baumwollinnentuch das Senfmehl gleichmäßig aufstreuen – mit Zellstoff abdecken. Die 4 Seiten des Tuches zur Mitte hin umschlagen, so daß kein Senfmehl herausfallen kann. In eine Schüssel den Senfwickel mit 38°C warmem Wasser übergießen, leicht ausdrücken.

Die Brustwarzen des Kranken mit Vaseline einreiben und mit Watte abdecken. Den Wickel legt man um den Oberkörper des sitzenden Patienten und umschließt ihn mit Zwischen- und Wolltuch. Der Senfwickel soll nicht länger als 10 Minuten auf dem Körper liegen, dabei darf nur eine leichte Hautrötung auftreten.
Nach Entfernung des Wickels ein gutes Hautöl auf die Haut geben.

Das Senfmehl darf nicht direkt mit der Haut in Berührung kommen.

Sonnenblume
Helianthus annuus
Korbblütengewächse (Asteraceae)

1–3 (–4) m hohe, einjährige Pflanze. Stengel unverzweigt, dick, mit Mark gefüllt. Laubblätter herzförmig, wechselständig, rauh behaart. Blütenköpfe bis 40 cm Durchmesser, nickend, mit 6–10 cm langen Zungenblüten. Samen etwa 2 cm lang.

Blütezeit: Juli – September

Standort: Zier- und Kulturpflanze, bisweilen verwildert

Verbreitung: Heimat Nordamerika. Weltweit in verschiedenen Zuchtformen kultiviert

Verwendbare Pflanzenteile: Blütenblätter, Samenkerne

Inhaltsstoffe: In den Blütenblättern Flavonglykosid, Anthocyanglykosid, Xanthophyll, Cholin. Das aus den Samenkernen gepreßte Sonnenblumenöl enthält Linol- und Ölsäure, Carotinoide, Lecithin, Glycerin.

Sammelzeit: Blütenblätter im Sommer, Kerne Ende Sommer – Anfang Herbst

Anwendung: Die Blütenblätter sollen als Fiebermittel bei Malaria und bei verschiedenen Fiebererkrankungen wirksam sein.

Sonnenblumenöl ist ein wertvolles Speiseöl, das in der Volksmedizin auch als leichtes Abführmittel verwendet wird.

Zu Hautpflegemitteln, in der Seifen- und Farbenindustrie.

Spitzwegerich
Plantago lanceolata
Wegerichgewächse (Plantaginaceae)

Bis 50 cm hohe, ausdauernde Pflanze mit kurzem Rhizom. Blätter lanzettlich bis schmal-elliptisch, wenig behaart, 3- bis 7nervig in grundständiger Rosette. Blüten unscheinbar, in kopfartiger Blütenähre. Blütenstengel gefurcht, blattlos. Vielgestaltig.

Blütezeit: Mai – September

Standort: Häufig auf Wiesen, Feldern, Weiden, Äckern, an Wegrändern und Böschungen

Verbreitung: Europa, Asien

Verwendbare Pflanzenteile: Blätter

Inhaltsstoffe: Gerbstoffe, Vitamin C, Schleimstoffe, Kieselsäure und das Glykosid Aucubin

Sammelzeit: Frühjahr – Sommer

Anwendung: Bei Katarrhen der Atemwege, Husten, Keuchhusten, Bronchitis. In der Volksheilkunde auch als Wundheilmittel (Umschläge). Bei Insektenstichen helfen gut zerquetschte Blätter, die man auf den Stichen zerreibt.

In der Küche frische Blätter zu Wildkräutersalaten. Der Breitwegerich wird in der Volksheilkunde wie Spitzwegerich angewendet. Er ist jedoch weniger wirksam.

Anbau im Garten
– Sammeln – Trocknen

Spitzwegerich ist so verbreitet, daß sich der Anbau im Heilkräutergarten erübrigt. Wer seinen Rasen nicht übertrieben pflegt und den Wildpflanzen und Unkräutern einen Lebensraum bietet, wird Spitzwegerich bald wieder im Garten antreffen.

Man sammelt die Blätter vor oder während der Blütezeit. Sie müssen rasch und schonend getrocknet werden. Bei unsachgemäßer Trocknung verlieren sie ihre grüne Farbe und werden wertlos.

Tee	bei Husten und Bronchitis

1 EL (ca. 1 g) getrocknete, kleingeschnittene Blätter
$^1/_4$ l Wasser
Die Blätter mit kochendem Wasser übergießen. 10–15 Minuten ziehen lassen. Abseihen. Täglich 2–3 Tassen trinken. (Bei Katarrhen mit Honig süßen.)

Sirup	bei Husten – vor allem bei Kindern

100 g frische Spitzwegerichblätter
250 g frische Fichtensprossen
1 kg Kandiszucker
1 l Wasser
Spitzwegerichblätter waschen und kleinschneiden. Mit Wasser, Kandiszucker und Fichtensprossen 30 Minuten kochen. Den Sirup abseihen und heiß in Flaschen füllen. Im Kühlschrank aufbewahren.

Spitzwegerich mit Honig	bei Katarrhen der Atemwege, Husten, Bronchitis

1 Handvoll (20 g) Spitzwegerichblätter
$^1/_8$ l Wasser
5 EL Bienenhonig
Die Blätter waschen, kleinschneiden und im Mixer mit Wasser zu Brei mixen. Den dünnen Spitzwegerichblätterbrei in einem Topf zum Siedepunkt erhitzen, von der Kochstelle nehmen, abkühlen lassen und Honig unterrühren. Im Kühlschrank aufbewahren. Haltbarkeit begrenzt.
5mal täglich 1 Teelöffel.

Taubnessel, Weiße Taubnessel
Lamium album
Lippenblütler (Lamiaceae)

20–40 cm hohe, krautige, mehrjährige Pflanze mit verzweigtem Wurzelstock. Stengel aufrecht oder aufsteigend, vierkantig. Laubblätter kreuzgegenständig, gestielt, herzförmig-oval, grob gezähnt. Blüten gelblich-weiß, in achsenständigen Scheinquirlen.

Blütezeit: April – Oktober

Standort: An Wegrändern, auf Schuttplätzen, in Hecken und Unkrautgesellschaften. Kulturbegleiter

Verbreitung: Europa, Asien

Verwendbare Pflanzenteile: Blüten

Inhaltsstoffe: Ätherisches Öl, Gerbstoffe, Schleimstoffe, Saponine, Cholin, Lamiin, Flavonglykoside

Sammelzeit: Ende Frühjahr – Sommer

Anwendung: Bei Katarrhen der Atem- und Harnwege, bei Magen- und Darmstörungen. In der Volksheilkunde bei Frauenkrankheiten, Hautunreinheiten, Blasen- und Nierenkatarrhen. In der Homöopathie bei Depressionen und Schlaflosigkeit.

In der Küche junge Blätter als Frühjahrsgemüse und zu Salaten.

Tee	bei Katarrhen der Atem- und Harnwege

2 gehäufte TL (ca. 0,5 g) getrocknete Blüten
¹/₄ l Wasser
Blüten mit Wasser übergießen. Zum Sieden erhitzen. 5 Minuten ziehen lassen.
2–3 Tassen täglich.

Thymian, Echter Thymian
Thymus vulgaris
Lippenblütler (Lamiaceae)

10–40 cm hoher Halbstrauch. Stengel aufrecht, ästig verzweigt, stark verholzt. Blätter klein, linealisch bis elliptisch, Rand nach unten eingerollt, unterseits weißfilzig. Blüten hellviolett, in Scheinquirlen. Die ganze Pflanze duftet stark aromatisch.

Blütezeit: Juni – Oktober

Standort: In Mitteleuropa als Heil- und Gewürzpflanze kultiviert. In wärmeren Gegenden selten verwildert

Verbreitung: Heimat westliches Mittelmeergebiet

Verwendbare Pflanzenteile: Kraut

Inhaltsstoffe: Ätherisches Öl, Bitterstoffe, Gerbstoffe, Harz, Flavone, Saponine

Sammelzeit: Sommer – Anfang Herbst

Anwendung: Bei Husten, Bronchitis und Keuchhusten. Besonders in der Volksmedizin bei Blähungen, Durchfall, Appetitlosigkeit, Magenschleimhautentzündung und bei krampfartigen Magenbeschwerden. Äußerlich zu Mundspülungen, Gurgelwässern, Bädern und Umschlägen. In der Homöopathie.
In der Kräuterkosmetik. Zu Kräuterkissen. In der Küche als Gewürz zu Fleisch- und Fischgerichten, Suppen und Saucen.
Zur Likörherstellung.

Anbau im Kräutergarten
– Sammeln – Trocknen

Thymian wird im März in Kistchen oder im April ins Saatbeet ausgesät. Als Lichtkeimer dürfen die Samen nur ganz dünn mit Erde bedeckt werden. Keimdauer 10–15 Tage. Im Mai die Jungpflanzen in Abständen von 15–25 cm an einen sonnigen Platz in den Garten auspflanzen. Der niederwüchsige Halbstrauch eignet sich gut für den Steingarten und gedeiht auch in Tontöpfen oder Containern auf dem Balkon. Thymian läßt sich durch Stecklinge oder Wurzelteilung vermehren.

In unserem Klima frieren die Pflanzen im Winter oft stark zurück. Ihr Aroma ist weniger kräftig als das der wildwachsenden Pflanzen im Mittelmeergebiet.
Frische Thymianblättchen können für die Küche fast das ganze Jahr über im Kräutergarten geholt werden. Zum Trocknen schneidet man die Stengel kurz vor der Blütezeit 5 cm über dem Boden ab. Zur Vermeidung von Aromaverlusten trocknen wir Thymian unter 35 °C an der Luft. Danach Blätter und Blüten abrebeln und in dicht schließenden Gefäßen vor Licht geschützt aufbewahren.

Tee	bei Husten und Bronchitis, Appetit-losigkeit, Blähungen, Durchfall, Magenschleimhautentzündung und krampfartigen Magenbeschwerden

1 gehäufter TL (ca. 1 g) getrocknetes Kraut
$1/4$ l Wasser
Kraut mit kochendem Wasser übergießen.
5 Minuten ziehen lassen.
Bei Husten mit Honig süßen, als Magentee ungesüßt trinken.
Täglich 3 Tassen.

Gesichts-dampfbad	zur Reinigung der Poren und Regulierung der Talgdrüsen

2 EL (ca. 4 g) getrocknetes Kraut
$1/2$ l Wasser
Kochendes Wasser über das Kraut gießen. Dann
über den aufsteigenden Dämpfen etwa 5 Minuten
lang schwitzen. Kopf und Gefäß dabei mit einem
Tuch bedecken. Das Gesicht nach dem Dampfbad
kalt abwaschen und abtrocknen.

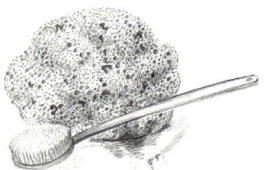

Vollbad	bei Rheuma

100 g getrocknetes Kraut
1 l Wasser
Kraut mit kochendem Wasser übergießen. 15 Minuten ziehen lassen. Abseihen und dem Vollbad
zugeben.
Badedauer 10–15 Minuten.

Gesichtsmaske
2 EL Quark
1 TL grob gepulvertes Kraut
Thymian und Quark verrühren und über das
Gesicht und den Hals verteilen. Etwa 15 Minuten
antrocknen lassen, dann mit warmem Wasser abwaschen.
Diese Maske wirkt befeuchtend, löst Hautunreinheiten und macht die Gesichtshaut samtweich.

Thymian-Kräuterkissen	zur Parfümierung der Wäsche, als ,,Schlafkissen"

Ein kleines Schlafkissen enthält etwa 250 g einer
wohlduftenden, feingeschnittenen Kräutermischung. Dazu eignen sich Thymian, Majoran, Lavendel, Rosmarin, Melisse, Quendel, Rosenblätter
und Hopfenzapfen. Die Mischung kann nach ei-
genem Geschmack zusammengestellt werden.
Wenn das Schlafkissen im Lauf der Zeit seinen feinen Duft verliert, füllt man getrocknete Kräuter
nach.
Als Kissenhülle nimmt man Seiden-, Baumwoll-
oder Frotteestoffe.

Thymian-Kräuter-Gesichtswasser	zur Reinigung der Gesichtshaut, gegen unreine Haut

2 EL (ca. 4 g) Thymiankraut geschnitten
1 EL (ca. 2 g) Kamillenblüten
1 EL (ca. 3 g) Rosmarinblätter
0,2 l destilliertes Wasser
50 ml Weingeist 96%
Die Kräuter in einem weithalsigen Glasgefäß mit
Weingeist und destilliertem Wasser ansetzen. Verschlossen 1 Woche ziehen lassen. Dann abfiltern
und die Pflanzenrückstände kräftig ausdrücken.

Wacholder, Reckolder, Kranewitt
Juniperus communis
Zypressengewächse (Cupressaceae)

1–3 (selten –10) m hoher, wintergrüner, von Grund auf verzweigter Strauch oder Baum. Meist zweihäusig. Laubblätter nadelförmig, 8–20 mm lang, hart, spitz, in dreizähligen Quirlen angeordnet. Blüten unscheinbar. Früchte schwarzbraune, bläulich bereifte, kugelige Beerenzapfen, die erst im 2. Jahr reifen.

Blütezeit: April – Mai
Standort: In trockenen Wäldern, auf Heiden
Verbreitung: Europa, Asien, Nordafrika, Nordamerika
Verwendbare Pflanzenteile: Früchte
Inhaltsstoffe: Ätherisches Öl, Flavonglykoside, Gerbstoffe, Harz, Invertzucker, Pektin
Sammelzeit: Herbst
Anwendung: Wacholderbeeren innerlich als wassertreibendes Mittel zur ,,Entschlackung'' in Teemischungen. Bei Arthrosen, Gicht und als desinfizierendes Mittel bei Blasenentzündungen. Äußerlich bei Rheumatismus, Neuralgien und Hautkrankheiten.
In der Küche als Gewürz zur Anregung von Appetit und Verdauung. Zur Herstellung von Schnäpsen.

> Wacholderbeeren wirken nierenreizend. Bei Nierenerkrankungen und in der Schwangerschaft Beeren und alle Zubereitungen meiden. Überdosierung wegen Vergiftungsgefahr vermeiden! Kein Dauergebrauch!

Sammeln – Trocknen

Wacholderbeeren reifen erst im 2. Jahr. Zur Erntezeit im Oktober – November findet man auch grüne, einjährige Früchte an den Sträuchern. Die ausgereiften schwarzbraunen, bläulich bereiften Beeren lassen sich schonend von den oft dicht behängten Zweigen abstreifen. Wegen der stechenden, nadelförmigen Blätter trägt man dazu am besten Lederhandschuhe.

Die Beeren werden verlesen und in der Sonne oder bei mäßiger künstlicher Wärme getrocknet. Sie müssen in dicht schließenden Gefäßen aufbewahrt werden.

119

100 g Wacholderbeeren getrocknet
500 ml Weingeist 70%
Wacholderbeeren zerdrücken, den Weingeist darübergießen, 2 Wochen stehen lassen. Gelegentlich schütteln. Dann abseihen und klarfiltern.

Wacholderbeeren-Kur

Diese Kur beginnt man am 1. Tag mit einer Wacholderbeere, am 2. Tag kaut man zwei Beeren, bis man am 20. Tag zwanzig Beeren erreicht hat. Dann geht man wieder täglich um eine Beere zurück.
Diese Kur wirkt wie alle Wacholder-Zubereitungen wassertreibend.

Tee	wassertreibend, zur ,,Entschlackung"

1 gehäufter TL (ca. 1 g) getrocknete, frisch zerquetschte Wacholderbeeren
$1/4$ l Wasser
Wacholderbeeren mit kochendem Wasser übergießen. 10 Minuten ziehen lassen. Abseihen.
1–2 Tassen täglich.

Harntreibender Tee

25 g Wacholderbeeren zerquetscht
25 g Süßholzwurzel geschnitten
25 g Hauhechelwurzel geschnitten
25 g Liebstöckelwurzel geschnitten
1 gehäuften Teelöffel von dieser Mischung übergießt man mit $1/4$ l kochendem Wasser. 15 Minuten ziehen lassen. Abseihen.
2 Tassen täglich.

Sirup	wirkt wassertreibend, ,,blutreinigend", entschlackend

100 g getrocknete, ganze Wacholderbeeren
1 EL geschnittene Ingwerwurzeln
500 g Zucker
1 l Wasser
Wacholderbeeren und Ingwerwurzeln in Wasser etwa $1/2$ Stunde kochen. Abseihen und die Beeren in einem Sieb ausdrücken. Man erhält etwa $1/2$ Liter Saft (evtl. mit Wasser auffüllen). Mit dem Zucker 10 Minuten ab Kochzeit kochen. Den Wacholder-Sirup heiß in Flaschen füllen.
3mal täglich nach den Mahlzeiten 1 Teelöffel. Vor Gebrauch schütteln.

Schnaps	zur Verdauungsförderung

20 g getrocknete Wacholderbeeren
$1/2$ l Obstwasser oder Korn ca. 35%
Wacholderbeeren mit dem Alkohol ansetzen.
1 Woche stehen lassen. Gelegentlich schütteln.
Dann mit einem Papierfilter klarfiltern.
Zur Verdauungsförderung 1 Gläschen nach der Hauptmahlzeit.

Wald-Erdbeere
Fragaria vesca
Rosengewächse (Rosaceae)

5–20 cm hohe, ausdauernde Rosettenpflanze, mit langen, am Boden kriechenden Ausläufern, die an den Knoten wurzeln. Blätter dreizählig, langgestielt, oval-eiförmig, grob gesägt. Blüten mit 5 weißen Kronblättern. Die Beeren sind sehr wohlschmeckend.

Blütezeit: Mai – Juli
Standort: Verbreitet an Waldrändern, Waldwegen, auf Lichtungen und Waldschlägen
Verbreitung: Europa, Asien
Verwendbare Pflanzenteile: Blätter und Früchte
Inhaltsstoffe: In den Blättern Gerbstoff, ätherisches Öl, Flavone; in den Früchten Zucker, Vitamin C, Pektin, Fruchtsäuren

Sammelzeit: Blätter Ende Frühjahr – Anfang Sommer, Früchte Anfang Sommer
Anwendung: Blätter bei Durchfall, zum Gurgeln bei Entzündungen im Mund- und Rachenraum. Zu Hausteemischungen.
Frische Wald-Erdbeeren sind in der Volksmedizin geschätzt bei Herzbeschwerden, Leber- und Galleleiden, Nervenschwäche, Blutarmut, Gicht, Rheuma, Verstopfung.
In der Küche frische Beeren. Bei größeren Ernten bereitet man daraus Kompott, Sirup, Marmelade, Saft, Bowle.

Anbau im Garten
– Sammeln – Trocknen

Wald-Erdbeeren lassen sich leicht durch Ausläufer auch im Garten an einem schattigen, nicht zu trockenen Platz ansiedeln. Wald-Erdbeerblätter werden zur Blütezeit gesammelt und schonend im Schatten getrocknet. Sie eignen sich auch zum Fermentieren und können dann als Schwarztee-Ersatz genommen werden. Die Blätter der Garten-Erdbeere sind ungeeignet!

Wer nach dem Genuß von Garten-Erdbeeren eine Allergie in Form eines Hautausschlages bekommt, muß auch auf die Früchte der Wald-Erdbeere verzichten.

Tee	bei Durchfall, auch zum Gurgeln bei Entzündungen im Mund- und Rachenraum

2 TL (ca. 1 g) getrocknete, geschnittene Blätter
$\frac{1}{4}$ l Wasser
Blätter mit kochendem Wasser übergießen.
15 Minuten ziehen lassen. Abseihen.
2–3mal täglich eine Tasse.

Tee für die Frühjahrskur
80 g getrocknete, geschnittene Wald-Erdbeer-blätter
20 g getrocknetes, geschnittenes Waldmeister-kraut
2 Teelöffel dieser Kräutermischung mit $\frac{1}{4}$ l kochendem Wasser übergießen. 10 Minuten ziehen lassen.
3mal täglich 1 Tasse.
Diesen wohlschmeckenden Tee hat schon Kräuterpfarrer Kneipp empfohlen.

Waldmeister
Galium odoratum
Rötegewächse (Rubiaceae)

10–30 cm hohe, mehrjährige Pflanze mit dünnem Wurzelstock. Stengel meist aufrecht, unverzweigt, vierkantig. Blätter dunkelgrün, länglich-lanzettlich, in Quirlen zu 6–9. Blüten klein, weiß, trichterförmig, in endständigen, schirmartigen Blütenständen.

Blütezeit: Mai – Juni
Standort: Verbreitet in Buchen- und Mischwäldern
Verbreitung: Europa, Asien
Verwendbare Pflanzenteile: Kraut, kurz vor der Blüte
Inhaltsstoffe: Cumaringlykosid (das beim Trocknen Cumarin freigibt), Gerb- und Bitterstoffe
Sammelzeit: Frühjahr
Anwendung: In der Volksheilkunde bei Leibschmerzen und leichten Schlafstörungen; bisweilen in pharmazeutischen Präparaten gegen Durchblutungsstörungen.
In der Küche zur Aromatisierung von Teemischungen und Getränken. Zur Mai-Bowle.
Zu Duftkissen.

Tee	leichtes Beruhigungsmittel bei leichten Schlafstörungen

2 TL (ca. 0,5 g) Kraut
1/4 l Wasser
Kraut mit kochendem Wasser übergießen.
10 Minuten ziehen lassen. Abseihen.
Täglich 2–3 Tassen.

Verursacht im Übermaß Kopfschmerzen. Kein Dauergebrauch!

Weißdorn
Crataegus monogyna
(Eingriffeliger Weißdorn)
Crataegus laevigata (Zweigriffeliger Weißdorn)
Rosengewächse (Rosaceae)

Bis 4 m hohe, sommergrüne Sträucher mit dornigen Zweigen. Der Eingriffelige Weißdorn hat meist einen Griffel und tief geteilte Blätter; Frucht mit einem Stein. Der Zweigriffelige Weißdorn hat 2–3 Griffel und abgerundete, schwach gelappte Blätter. Früchte mit 2–3 Steinkernen. Formenreiche Arten. Bastardbildung!

Blütezeit: Mai – Juni
Standort: In Gebüschen, an Waldrändern
Verbreitung: Europa
Verwendbare Pflanzenteile: Blüten, Blätter und Früchte
Inhaltsstoffe: Triterpencarbonsäuren und mehrere Flavonglykoside
Sammelzeit: Blätter und Blüten Ende Frühjahr, Früchte im Herbst
Anwendung: Bei altersbedingten Herz- und Kreislaufbeschwerden, ungenügender Durchblutung der Herzkranzgefäße, Herzmuskelschwäche und Herzrhythmusstörungen.
In der Küche Früchte zu Marmeladen.

Tee	zur Stärkung von Herz und Kreislauf

1 EL (ca. 1,5 g) getrocknete Blüten (es dürfen auch Blätter untergemischt sein)
$\frac{1}{4}$ l Wasser
Blüten mit kochendem Wasser übergießen.
15 Minuten ziehen lassen.
Täglich 2–3 Tassen.
Weißdorn-Tee ist frei von Nebenwirkungen. Er muß über einen längeren Zeitraum angewendet werden.

Wermut
Artemisia absinthium
Korbblütengewächse (Asteraceae)

60–120 cm hohe, mehrjährige Pflanze. Stengel aufrecht, stark ästig, am Grunde meist verholzt. Blätter 2- bis 3fach fiederteilig, beiderseits graufilzig behaart. Blütenköpfchen fast kugelig, hellgelb, etwas nickend, in rispigen Blütenständen. Die ganze Pflanze riecht herb-aromatisch und schmeckt bitter.

Blütezeit: Juli – September
Standort: An trockenen, steinigen Plätzen, Schuttstellen, Mauern; meist aus Kulturen verwildert
Verwendbare Pflanzenteile: Kraut
Inhaltsstoffe: Ätherisches Öl, Bitter- und Gerbstoffe
Sammelzeit: Sommer

Anwendung: Bei Appetitlosigkeit, Verdauungsstörungen, Leber- und Galleleiden. In der Volksheilkunde gegen Würmer und als menstruationsförderndes Mittel.
In der Küche als Gewürz für fette Speisen.

Ölreiche Wermutliköre verursachen schwere Gesundheitsschäden. Ihre Herstellung und ihr Vertrieb sind verboten. Bei bestimmungsgemäßem Gebrauch der Droge sind keine schädlichen Wirkungen zu erwarten. Wermut sollte während der Schwangerschaft gemieden werden.

Anbau im Kräutergarten
– Sammeln – Trocknen

Wermut ist in Mitteleuropa selten frei wachsend anzutreffen. Er läßt sich jedoch leicht im Kräutergarten kultivieren. Ausgesät wird im Frühjahr. Die Jungpflanzen werden später verzogen. Ernte im nächsten Jahr. Vermehrung ist auch durch Wurzelstockteilung möglich. Wermut bevorzugt im Garten einen trockenen und sonnigen Standort. Zur Blütezeit werden die Rispen abgeschnitten und gebündelt zum Trocknen aufgehängt. Blätter, Blüten und Triebspitzen werden nach dem Trocknen klein geschnitten und in gut schließenden Gefäßen aufbewahrt.

Tee	aromatisches Bittermittel (bei Verdauungsstörungen und Appetitlosigkeit)

1 gehäufter TL (ca. 1 g) getrocknetes, kleingeschnittenes Kraut
¹/₄ l Wasser
Kraut mit kochendem Wasser übergießen.
10 Minuten ziehen lassen, abseihen.
3mal täglich 1 Tasse vor dem Essen.

Der Tee schmeckt sehr bitter. Er ist für den Dauergebrauch nicht geeignet!

Wein	regt Appetit und Verdauung an

3 TL (ca. 3 g) getrocknetes, kleingeschnittenes Kraut
1 l Weißwein
Kraut mit Weißwein ansetzen. 1 Woche stehen lassen. Gelegentlich umschütteln. Abseihen.
1 Gläschen vor der Hauptmahlzeit.

Wermut-Wein ist für den Dauergebrauch nicht geeignet!

Zwiebel, Küchenzwiebel
Allium cepa
Liliengewächse (Liliaceae)

60–120 cm hohe, ausdauernde, bei uns meist zweijährig kultivierte Pflanze. Zwiebel länglich, kugelig oder abgeflacht. Stengel und Laubblätter röhrig, bläulichgrün, bereift, unterhalb der Mitte bauchig aufgeblasen. Blütenstand groß, kugelig. Blütenstiele bis 8mal so lang wie die grünlich-weißen Blütenblätter. Ganze Pflanze mit würzigem Geruch und Geschmack.

Blütezeit: Juni – August
Standort: Kulturpflanze
Verbreitung: Heimat Westasien
Verwendbare Pflanzenteile: Zwiebeln
Inhaltsstoffe: Ätherisches Öl mit Methylalliin und Thiopropionaldehyd (tränenerregendes Prinzip); Flavonglykoside, Vitamine und eine herzwirksame Substanz

Sammelzeit: Ende Sommer – Anfang Herbst
Anwendung: Zwiebeln wirken appetitanregend, verdauungsfördernd, harntreibend, auswurffördernd und wundheilend. Anwendung vorwiegend in der Volksheilkunde bei Husten, Erkältungskrankheiten, zur „Blutreinigung" und bei Halsentzündungen. In der Homöopathie bei Schnupfen, Ohrenschmerzen, Rheuma.

In der Küche als gesundes und vielgenutztes Gewürz.

Anbau im Garten
– Sammeln – Trocknen

Küchenzwiebeln kauft man zum Anbau im Garten am besten als Steckzwiebeln und pflanzt sie im zeitigen Frühjahr. Die obere Spitze wird nur leicht mit Erde bedeckt. Jungpflanzen können bald für den sofortigen Bedarf geerntet werden. Wenn im Spätsommer die Laubblätter welken, beginnt die Haupternte.

Man zieht die Zwiebeln aus der Erde, läßt sie einige Tage zum Abtrocknen liegen und hängt sie gebündelt oder in Zöpfen geflochten an einem trockenen, luftigen Platz auf. Vor Frost geschützt aufbewahren.

Die nah verwandte Winterzwiebel (*Allium fistulosum*) ist frosthart und kann im Winter im Garten bleiben. Sie wird auch Schnittzwiebel genannt, da ihre Laubblätter schon ab April als Würzkraut Verwendung finden. Die Pflanze bildet zahlreiche Nebenzwiebeln aus.

Die Schalotte (*Allium ascalonicum*) entwickelt anstelle der Blüten zuweilen Brutzwiebeln. Ihre Zwiebeln sind milder als Küchenzwiebeln. Laubblätter von Schalotten können wie Schnittlauch zum Würzen genommen werden.

Sirup	**(bei Husten und Erkältungskrankheiten)**

3 große Zwiebeln
250 g brauner Kandiszucker
$^1/_2$ l Wasser
Zwiebeln kleinhacken und mit Wasser und Kandiszucker 20 Minuten schwach kochen lassen. Abseihen und auspressen.
Mehrmals täglich 1 Eßlöffel.

Zwiebel-Fenchel-Tee	**bei Husten und Erkältungskrankheiten**

3 mittlere Zwiebeln
$^1/_2$ l Wasser
2 TL Fenchelfrüchte
$^1/_4$ l Wasser
Zwiebeln kleinschneiden und in $^1/_2$ l Wasser 15 Minuten kochen.
Fenchelfrüchte zerquetschen und mit $^1/_4$ l kochendem Wasser übergießen, 10 Minuten ziehen lassen. Zwiebelsud und Fencheltee mischen, durch ein Sieb filtern. Den Tee mit Honig süßen.
Täglich 2–3 Tassen.

Giftpflanzen von A bis Z

Im folgenden Kapitel sind im ersten Teil unsere wichtigsten Giftpflanzen in einem alphabetischen Verzeichnis nach deutschen Namen aufgeführt. Giftpilze sind ausgenommen.

Im zweiten Teil finden Sie wichtige Hinweise, was im Vergiftungsfall zu tun ist sowie Anschrift und Telefon-Nummern der Informationszentralen für Vergiftungsfälle in der Bundesrepublik Deutschland.

Zum Schluß stellen wir 16 sehr giftige Arten vor, deren Wirkstoffe zum Teil große Bedeutung als Heilmittel erlangt haben. Eine Selbstbehandlung mit diesen Giftpflanzen ist vollständig ausgeschlossen, gleichwohl sie in der Hand des Arztes in geeigneter Dosierung und Zubereitung wertvolle Arzneimittel sein können.

Es ist unmöglich, in diesem Buch all die vielen Giftpflanzen aus Natur und Garten abzubilden und ausführlich zu beschreiben. Wer Heilpflanzen sammelt, muß beim kleinsten Zweifel die Kräuter stehen lassen oder einem Fachmann zur Bestimmung bringen. Kinder müssen so früh wie möglich auf die Gefahr einer Vergiftung durch den Verzehr unbekannter Kräuter und Beeren hingewiesen werden. Schließlich ist noch darauf hinzuweisen, daß auch Nutzpflanzen in manchen Teilen bzw. ungekocht giftig sein können.

Verzeichnis unserer wichtigsten Giftpflanzen

Adonisröschen	*Adonis* spec.
Alraune	*Mandragora* spec.
Amaryllis	*Hippeastrum* spec.
Aronstab	*Arum maculatum*
Besenginster	*Sarothamnus scoparius*
Bilsenkraut	*Hyoscyamus niger*
Bocksdorn	*Lycium* spec.
Bohnen	*Phaseolus* spec. (rohe Früchte)
Brechnuß	*Strychnos nux-vomica*
Buchsbaum	*Buxus sempervirens*
Christrosen	*Helleborus* spec.
Eibe	*Taxus baccata*
Eisenhut	*Aconitum* spec.
Fingerhut	*Digitalis* spec.
Gefleckter Schierling	*Conium maculatum*
Germer	*Veratrum* spec.
Giftefeu	*Rhus toxicodendron*
Ginster	*Genista* spec., *Cytisus* spec. *Spartium* spec., *Ulex* spec.
Gnadenkraut	*Gratiola officinalis*
Goldlack	*Erysimum cheiri*
Giftsumach	*Rhus toxicodendron*
Goldregen	*Laburnum* spec.
Hahnenfuß	*Ranunculus* spec.
Hakenlilie	*Gloriosa superba*
Herbstzeitlose	*Colchicum autumnale*
Hundspetersilie	*Aethusa cynapium*
Kaiserkrone	*Fritillaria imperialis*
Kartoffel	*Solanum tuberosum* (Knolle ungiftig)
Koloquinte	*Citrullus colocynthis*
Kornrade	*Agrostemma githago*
Kroton	*Croton* spec., *Codiaeum* spec.
Lebensbaum	*Thuja* spec.
Lupine	*Lupinus* spec.
Maiglöckchen	*Convallaria majalis*
Meerzwiebel	*Urginea maritima*
Milchstern	*Ornithogalum* spec.
Nachtschatten	*Solanum* spec. (außer Kartoffelknolle)
Nieswurz	*Helleborus* spec.
Oleander	*Nerium oleander*
Paternostererbse	*Abrus precatorius*
Pfaffenhütchen	*Euonymus* spec.
Rhododendron	*Rhododendron* spec.
Rittersporn	*Consolida* spec., *Delphinium* spec.
Rizinus	*Ricinus communis*
Rosmarinheide	*Andromeda polifolia*
Sadebaum	*Juniperus sabina*
Salomonssiegel	*Polygonatum* spec.
Saubohne	*Vicia faba*
Schierling	*Conium maculatum*
Schlafmohn	*Papaver somniferum*
Schöllkraut	*Chelidonium majus*
Schweigohr	*Dieffenbachia* spec., *Caladium* spec.
Seidelbast	*Daphne* spec.
Sodomsapfel	*Solanum sodomaeum*
Spanischer Ginster	*Spartium junceum*
Spindelstrauch	*Euonymus* spec.
Spritzgurke	*Ecballium elaterinum*
Stechapfel	*Datura* spec.
Strophanthus	*Strophanthus* spec.
Tabak	*Nicotiana* spec.
Thuja	*Thuja* spec.
Tollkirsche	*Atropa belladonna*
Wacholder	*Juniperus* spec.
Wasserfenchel	*Oenanthe* spec.
Wasserschierling	*Cicuta virosa*
Winterling	*Eranthis hiemalis*
Wolfsmilcharten	*Euphorbia* spec.
Zaunrübe	*Bryonia* spec.
Zeder, Virginianische	*Juniperus virginiana*

Was müssen wir im Vergiftungsfall tun?

Bei Vergiftungserscheinungen sofort einen Arzt oder das nächstgelegene Krankenhaus aufsuchen (Rettungswagen Notruf 110).

Möglichst Beeren- oder Pflanzenreste zur Bestimmung mitbringen.

Erkrankte Personen beruhigen. Aufregung vermeiden.

Wenn ärztliche Hilfe nicht schnell zu bekommen ist und wenn der Erkrankte nicht selbst erbricht und wenn er nicht bewußtlos ist
- soviel wie möglich warmes Leitungswasser oder warmen, verdünnten Saft zum Trinken geben.

- Erbrechen auslösen (mit dem Finger den Rachen reizen). Erbrochenes zur Untersuchung aufbewahren.
- Keine Milch, kein Rizinusöl, keine kohlensäurehaltigen Getränke geben!
  Bei Erregung keine Beruhigungsmittel geben!

Bewußtlose in ,,stabiler Seitenlage" lagern. Erbrochenes aus dem Mund entfernen – Erstickungsgefahr!

Bei Atemstillstand künstliche Beatmung.

Alle Giftinformationszentralen geben telefonisch Auskünfte bei Vergiftungsfällen.

Anschriften der Informationszentralen für Vergiftungsfälle in der Bundesrepublik Deutschland

Berlin: Reanimationszentrum im Klinikum Charlottenburg der Freien Universität Berlin, Spandauer Damm 130, 1000 Berlin 19, Tel. (030) 3035-466.

Berlin: Beratungsstelle für Vergiftungserscheinungen an der Universitäts-Kinderklinik, Heubnerweg 6, 1000 Berlin 19, Tel. (030) 3023022.

Bonn: Universitäts-Kinderklinik, Adenauerallee 119, 5300 Bonn 1, Tel. (0228) 213505.

Braunschweig: Medizinische Klinik des Städtischen Krankenhauses, Salzdahlumer Straße 90, 3300 Braunschweig, Tel. (0531) 62290, Klinikzentrale 6880/6860.

Bremen: Zentralkrankenhaus, St.-Jürgen-Straße, 2800 Bremen 1, Telefon (0421) 4975268/4973688.

Freiburg: Universitäts-Kinderklinik, Mathildenstraße 1, 7800 Freiburg, Tel. (0761) 2704361, Pforte 2704301, Zentrale 2701.

Göttingen: Universitäts-Kinderklinik, Humboldtallee 38, 3400 Göttingen, Telefon (0551) 396239/41.

Hamburg: I. Medizinische Abteilung des Krankenhauses Barmbeck, Giftinformationszentrale, Rübenkamp 148, 2000 Hamburg 60, Tel. (040) 6385345 und 6385346, Zentrale 63851.

Homburg/Saar: Universitäts-Kinderklinik des Landeskrankenhauses, 6650 Homburg/Saar, Tel. (06841) 162257 und 162846, Zentrale 161.

Kiel: I. Medizinische Universitätsklinik, Schittenhelmstraße 12, 2300 Kiel, Tel. (0431) 5974268, Zentrale 5971.

Koblenz: Städtisches Krankenhaus, Kemperhof, I. Medizinische Klinik, Koblenzer Straße 115, 5400 Koblenz, Tel. (0261) 499648.

Ludwigshafen: Städtische Krankenanstalten, Entgiftungszentrale, Bremserstraße 79, 6700 Ludwigshafen, Tel. (0621) 503431, Zentrale 5031.

Mainz: II. Medizinische Klinik und Poliklinik der Universität, Langenbeckstraße 1, 6500 Mainz, Tel. (06131) 232466, Zentrale 171.

München: Giftnotruf München, Toxikologische Abteilung der II. Medizinischen Klinik und Poliklinik rechts der Isar der Technischen Universität München, Ismaninger Straße 22, 8000 München 80, Tel. (089) 41402211, Zentrale 41401.

Münster: Vergiftungszentrale, Westring 3, 4400 Münster, Tel. (0251) 836188, 836245 oder 836259.

Nürnberg: II. Medizinische Klinik des Städtischen Klinikums, Toxikologische Intensivstation, Flurstraße 17, 8500 Nürnberg, Telefon (0911) 3982451.

Papenburg: Marienhospital, Kinderabteilung, 2990 Papenburg 1, Telefon (04961). Klinikzentrale 831.

Stand: Januar 1983
Quelle: Vorsicht Giftpflanzen!
Eine Fibel für Erwachsene und Kinder
Herausgeber: Ministerium für Arbeit, Gesundheit und Sozialordnung, Baden-Württemberg, Rotebühlplatz 30, 7000 Stuttgart 1

Adonisröschen, Frühlings-Adonisröschen
Adonis vernalis
Hahnenfußgewächse (Ranunculaceae)

10–40 cm hohe, ausdauernde Pflanze mit faserigem Wurzelstock. Stengelblätter 2- bis 4fach gefiedert. Blüten einzeln, endständig, 4–7 cm breit mit 10–20 goldgelben Kronblättern.
Blütezeit: April – Mai
Standort: In trockenen Steppenrasen. In Mitteleuropa sehr selten. Geschützt!

Verbreitung: Osteuropa, Westasien
Inhaltsstoffe: Herzwirksame Glykoside (Adonitoxin, Cymarin, Adonidosid, k-Strophantidin)
Vergiftungserscheinungen: Übelkeit, Erbrechen, Koliken, unregelmäßiger Puls, Atemnot. Tod durch Herzstillstand.

Aronstab, Gefleckter Aronstab, Zehrwurz
Arum maculatum
Aronstabgewächse (Araceae)

20–40 cm hohe, mehrjährige Pflanze mit einem knollig verdickten Wurzelstock, der zahlreiche dünne Nebenwurzeln trägt. Laubblätter lang gestielt, pfeilförmig, glänzend, dunkelgrün, bisweilen schwärzlich gefleckt. Die männlichen Blüten sitzen über den weiblichen an einem keulig verdickten Kolben, der von einem großen Hüllblatt (Spatha) umgeben ist. Reife Früchte scharlachrot.

Blütezeit: April – Mai

Standort: Feuchte, schattige Mischwälder, Auwälder

Verbreitung: Europa

Inhaltsstoffe: Aronstab enthält den Giftstoff Aroin, außerdem Nicotin, Saponin; in den Knollen Stärke

Vergiftungserscheinungen: Aronstab erzeugt oft bereits auf der Haut Rötungen und Entzündungen. Bei Einnahme heftige Reizungen im Mund, Rachen, Magen, Darm. Erregungszustände, Erbrechen, Krämpfe, innere Blutungen, Durchfall, Herzrhythmusstörungen. Zuletzt Lähmung des Zentralnervensystems.

Bilsenkraut, Schwarzes Bilsenkraut
Hyoscyamus niger
Nachtschattengewächse (Solanaceae)

20–80 cm hohe, ein- oder zweijährige, krautige Pflanze. Stengel aufrecht, einfach oder verzweigt, drüsig und zottig behaart. Blätter im Umriß lanzettlich, buchtig gezähnt oder gelappt. Blüten einseitswendig, fast sitzend, aufrecht, schmutziggelb, meist violett geadert, außen behaart. Frucht als Deckelkapsel mit zahlreichen schwarzen Samen. Pflanze mit unangenehmem Geruch.

Blütezeit: Mai – Oktober
Standort: Selten an Schuttplätzen, Wegrändern, Mauern. Früher als Heilpflanze kultiviert und verwildert
Verbreitung: Europa, Asien
Inhaltsstoffe: Hyoscyamin, Scopolamin und andere stark giftige Alkaloide
Vergiftungserscheinungen: Bilsenkrautvergiftungen ähneln denen der Tollkirsche.

Eisenhut, Blauer Eisenhut, Sturmhut
Aconitum napellus s.l.
Hahnenfußgewächse (Ranunculaceae)

20–150 cm hohe, ausdauernde Pflanze. Wurzel rübenartig verdickt. Stengel aufrecht, unbehaart. Laubblätter gestielt, handförmig, 5- bis 7teilig. Blattabschnitte wiederum in schmale Zipfel geteilt. Blütenstand dichtblütig. Blüten tiefblau, helmartig. Formenreiche Pflanze, die in viele Kleinarten aufgeteilt ist.

Blütezeit: Juni – September
Standort: Bergwiesen, Staudenfluren. Geschützt!
Verbreitung: Europäische Gebirge

Inhaltsstoffe: Aconitin (besonders in den Wurzeln)
Vergiftungserscheinungen: Bereits wenige Minuten nach Aufnahme Brennen im Mund, Kribbeln in Fingern und Zehen, Schweißausbrüche, Übelkeit, Erbrechen, Durchfall, Lähmungen der Zunge, im Gesicht und an den Extremitäten. Tod durch Atem- und Kreislauflähmung.

Gefleckter Schierling
Conium maculatum
Doldenblütler (Apiaceae)

0,5–2 m hohe, ein- bis zweijährige Pflanze. Stengel fein gerillt, hohl, mattgrün mit langgezogenen, purpurroten Flecken. Unterste Blätter 2- bis 4fach gefiedert, im Umriß 3eckig, oberseits dunkelgrün. Blüten klein, weiß, in großen, zusammengesetzten Dolden. Früchte rundlich mit wellig-gekerbten Rippen. Die Pflanze riecht unangenehm.

Blütezeit: Juni – September

Standort: Auf stickstoffreichen Ruderalstellen, an Wegen und auf Schuttplätzen. Bevorzugt mildes Klima

Verbreitung: Europa, Asien

Inhaltsstoffe: Coniin und andere giftige Alkaloide, ätherisches Öl und Cumarine

Vergiftungserscheinungen: Brennen im Mund, Sehstörungen, Schwindelgefühl, Erbrechen. Später von den Gliedmaßen ausgehende Lähmung. Tod durch Atemlähmung.

In der Antike zur Vollstreckung der Todesstrafe gebraucht (Sokrates).

Goldregen
Laburnum anagyroides
Schmetterlingsblütler (Fabaceae)

1,5–7 m hoher Strauch oder kleiner Baum. Junge Zweige, Blattunterseiten, Blütenstiele, Kelch und Früchte ziemlich dicht mit anliegenden Haaren bedeckt. Blätter langgestielt, 3zählig. Teilblätter lanzettlich bis oval. Blütentrauben bis 30 cm lang.

Blütezeit: April – Juni

Standort: Lichte Wälder, buschige Hänge. Oft als Zierstrauch kultiviert

Verbreitung: Mittel- und südeuropäische Gebirge

Inhaltsstoffe: Alkaloide, Cytisin, Methylcytisin, Laburnin u. a.

Vergiftungserscheinungen: Schon 2–3 Samen führen nach Aufnahme zu Übelkeit, langem Erbrechen, Speichelfluß und Leibschmerzen. Nach Aufnahme von 3–4 Hülsen kommt es zu Kollapserscheinungen, Krämpfen, Bewußtlosigkeit, Halluzinationen, Lähmungen.
Tod durch Atemlähmung.
Der Alpen-Goldregen (*Laburnum alpinum*) und der oft gepflanzte Bastard beider Arten sind gleich giftig.

Herbstzeitlose
Colchicum autumnale
Liliengewächse (Liliaceae)

5–25 cm hohe, ausdauernde Pflanze mit unterirdischer Sproßknolle. Blätter bis 25 cm lang, länglich-stumpf, erscheinen im Frühjahr zusammen mit den Fruchtkapseln. Blüten mit sechs rosa oder blaßlila Perigonblättern, am Grunde zu einer bis 25 cm langen, bleichen, bis zur Knolle herabreichenden Kronröhre verwachsen. Fruchtreife April – Juni des folgenden Jahres. Samen kugelig, schwarz-braun.

Blütezeit: August – November
Standort: Feuchte Wiesen, feuchte lichte Wälder
Verbreitung: Mitteleuropa

Inhaltsstoffe: In allen Teilen, besonders in den Samen giftige Alkaloide

Vergiftungserscheinungen: Erst 2–6 Stunden nach der Aufnahme Durstgefühl, Kratzen und Brennen im Mund, Schluckbeschwerden, Erbrechen. Später schmerzhafte Koliken, schwere Durchfälle, Blut im Harn, Kreislaufschädigung, Lähmungen. Tod durch Atemlähmung.

Maiglöckchen
Convallaria majalis
Liliengewächse (Liliaceae)

10–30 cm hohe, mehrjährige Pflanze mit weit kriechendem, dünnem Wurzelstock. Meist mit 2 großen, breit lanzettlichen, dunkelgrünen Grundblättern. Blüten weiß, duftend, kugelig-glockig, in lockerer, einseitswendiger, überhängender Traube an blattlosem Blütenstiel. Beeren scharlachrot, kugelig.

Blütezeit: Mai – Juni

Standort: Verbreitet, oft bestandsbildend in Laub- und Mischwäldern. Geschützt! Als Zierpflanze kultiviert

Verbreitung: Europa, Asien

Inhaltsstoffe: In allen Pflanzenteilen giftige Glykoside (Convallatoxin, Convallatoxol, Convalloside u. a.)

Vergiftungserscheinungen: Vergiftungen äußern sich in Übelkeit, Erbrechen, Schwindelgefühl, Sehstörungen, Herzrhythmusstörungen. Tod durch Kreislaufkollaps.

Oleander, Rosenlorbeer
Nerium oleander
Hundsgiftgewächse (Apocynaceae)

Bis 6 m hoher Strauch oder kleiner Baum. Laubblätter lanzettlich, ledrig, bis 15 cm lang, meist in 3zähligen Quirlen. Blütenstände trugdoldig an den Zweigenden. Krone rosa oder weiß. Frucht eine bis 15 cm lange Balgkapsel.

Blütezeit: Juni – September

Standort: Im Heimatgebiet an Wasserläufen. Bei uns als nicht winterfeste Zierpflanze in Kübeln kultiviert. Zuchtformen auch mit gefüllten Blüten

Verbreitung: Mittelmeergebiet

Inhaltsstoffe: Herzwirksame Glykoside

Vergiftungserscheinungen: Übelkeit, Erbrechen, schwere Durchfälle und Koliken, Herzrhythmusstörungen, Tod durch Herzlähmung.

Rizinus, Wunderbaum
Ricinus communis
Wolfsmilchgewächse (Euphorbiaceae)

0,5–3 m hohe, strauchförmige, in den Tropen baumförmige Pflanze. Laubblätter groß, gestielt, viellappig. Blütenstände rispig, unten männliche, darüber weibliche Blüten. Gefleckte Samen in 3fächrigen Kapseln.

Blütezeit: In Mitteleuropa Sommer – Herbst
Standort: Bei uns als einjährige Zierpflanze kultiviert
Verbreitung: Tropen und Subtropen

Inhaltsstoffe: Die Samen enthalten Rizinusöl, Eiweißstoffe und den Giftstoff Ricin
Vergiftungserscheinungen: Nach Einnahme der Samen Übelkeit und Schwindelanfälle, Darmkrämpfe und schwere Durchfälle. Nierenentzündung mit Gelbsucht. Thrombosen. Zuletzt Kreislaufkollaps. 3–6 Samen sind als tödliche Dosis für den Menschen angegeben.
Rizinusöl aus der Apotheke ist ungefährlich!

Roter Fingerhut
Digitalis purpurea
Rachenblütler (Scrophulariaceae)

30–150 cm hohe, zweijährige Pflanze. Stengel aufrecht, graufilzig behaart. Blätter oval bis lang-lanzettlich, unterseits graufilzig, oberseits etwas runzelig. Blüten kurzgestielt, in einer einseitswendigen, einfachen Rispe. Krone glockig, bis 6 cm lang, hellpurpurn, selten weiß, innen mit dunkelroten, weißumrandeten Flecken.

Blütezeit: Juni – September
Standort: Auf Waldschlägen, in lichten Wäldern, an Waldwegen. Bevorzugt kalkfreie Bergwälder

Verbreitung: Westeuropa, oft kultiviert
Inhaltsstoffe: Enthält in allen Teilen, besonders in den Blättern stark herzwirksame Glykoside
Vergiftungserscheinungen: Übelkeit, Erbrechen, Herzrhythmusstörungen, Gefäßkrämpfe, Blaufärbung der Lippen und der Fingernägel, Atemnot. Tod durch Herzlähmung.
Ähnlich giftig sind der Großblütige Fingerhut (*D. grandiflora*) und der Gelbe Fingerhut (*D. lutea*).

Schlaf-Mohn
Papaver somniferum
Mohngewächse (Papaveraceae)

50–150 cm hohe, einjährige Pflanze. Blätter sitzend, halb stengelumfassend, blaugrün. Blüten bis 10 cm groß. Kronblätter weiß oder violett. Frucht eine große Kapsel mit zahlreichen nierenförmigen Samen.

Blütezeit: Juni – August

Standort: Uralte Kulturpflanze, bisweilen verwildert. Der Anbau der Pflanze ist bei uns verboten!

Verbreitung: Die Stammpflanze *Papaver setigerum* ist im Mittelmeergebiet beheimatet

Inhaltsstoffe: In den Samen fettes Öl, Eiweiß. Der Milchsaft der ganzen Pflanze, besonders aber der grünen Kapsel, liefert Rohopium. Dieses enthält etwa 40 verschiedene Alkaloide (u. a. Morphin, Codein, Papaverin, Narcotin).

Vergiftungserscheinungen: Rötung des Gesichts, Schwindelgefühl, allgemeine Erschlaffung, Abschwächung der Herztätigkeit. Tod durch Atemlähmung.

Die zur Ölherstellung und in der Backwarenindustrie verwendeten reifen Samen sind unschädlich!

Seidelbast, Kellerhals
Daphne mezereum
Seidelbastgewächse (Thymelaeaceae)

0,5–1,5 m hoher, sommergrüner Strauch. Zweige zäh, rutenförmig, graubraun. Laubblätter lanzettlich, ganzrandig, oberseits hellgrün, erst nach der Blüte erscheinend. Blüten ungestielt, zu 1–4 in den Achseln vorjähriger Blätter, blaßrosa bis leuchtend rot, mit starkem, angenehmem Duft. Frucht eine scharlachrote, kahle, saftige, einsamige Beere.

Blütezeit: Februar – April

Standort: Zerstreut, meist einzeln in Laub- und Mischwäldern. Oft als Zierstrauch gepflanzt. Geschützt!

Verbreitung: Europa, Westasien

Inhaltsstoffe: Daphnin, Daphnetoxin und Mezerein

Vergiftungserscheinungen: Die Rinde und auch die übrigen Pflanzenteile verursachen auf der Haut Entzündungen und Gewebezerstörungen. Nach Einnahme (besonders der verlockenden Früchte) Brennen und Kratzen im Mund, Schwellung der Schleimhäute, Blasenbildung, Durstgefühl, Magenschmerzen, Übelkeit, Erbrechen, Durchfälle, Koliken, Nierenschäden, zuletzt Kreislaufkollaps. Schon 10–15 Beeren können für Erwachsene tödlich sein, für Kinder noch weniger.

Stechapfel, Weißer Stechapfel
Datura stramonium
Nachtschattengewächse (Solanaceae)

30–100 cm hohe, einjährige Pflanze mit ovalen, buchtig gezähnten Blättern. Blütenkrone trichterförmig, 5–10 cm lang, blattachselständig, meist weiß. Kelch röhrig, 5kantig, grün. Kapselfrucht eiförmig, stachelig, mehrsamig. Samen schwarz.
Blütezeit: Juni – Oktober
Standort: Selten in Unkrautfluren, an Schuttstellen

Verbreitung: Mittelamerika, heute weltweit verschleppt
Inhaltsstoffe: Giftige Alkaloide (Hyoscyamin, Scopolamin, Atropin, Nikotin)
Vergiftungserscheinungen: Ähnlich wie bei der Tollkirsche. Tod durch Atemlähmung.

Tabak, Virginischer Tabak
Nicotiana tabacum
Nachtschattengewächse (Solanaceae)

Bis 2 m hohe, einjährige Pflanze mit aufrechtem, drüsig behaartem Stengel. Laubblätter bis über 50 cm lang, sitzend, ganzrandig, behaart. Blütenstand rispig. Blüten trichterförmig, rosa bis weißlich. Frucht eine zweikammerige Kapsel mit vielen Samen.

Blütezeit: Juni – September
Standort: In Gebieten mit mildem Klima kultiviert
Verbreitung: Heimat tropisches Amerika
Inhaltsstoffe: Nikotin und verschiedene Nebenalkaloide

Vergiftungserscheinungen: Brennen im Mund, blasse Haut, Herzrasen, Sehstörung, Erbrechen; bei schweren Vergiftungen Kollaps mit Bewußlosigkeit, Krämpfe, Atemlähmung. 1–2 Zigarren wirken eingenommen tödlich. Chronische Vergiftungen durch übermäßiges Rauchen mit Herz- und Kreislaufstörungen, Störungen im Magen-Darm-Trakt, Bronchialkarzinom, Durchblutungsstörungen.

Tollkirsche
Atropa belladonna
Nachtschattengewächse (Solanaceae)

0,5–1,5 m hohe, ausdauernde Pflanze. Stengel aufrecht, verzweigt, rot-bräunlich, besonders im oberen Teil drüsig behaart. Laubblätter breitlanzettlich, bis 15 cm lang, drüsig behaart. Blüten leicht überhängend, außen braunviolett, innen gelbgrün mit violettem Adernetz. Frucht kugelig, zur Reifezeit schwarz glänzende, süß schmeckende Beere mit zahlreichen blaßbraunen Samen. Fruchtsaft violett.

Blütezeit: Juni – August

Standort: In lichten Wäldern, Kahlschlägen, an Waldrändern

Verbreitung: Europa, Asien

Inhaltsstoffe: In allen Teilen giftige Alkaloide

Vergiftungserscheinungen: Pupillenerweiterung, Übelkeit meist ohne Erbrechen, Hautrötung, glänzende Augen, Trockenheit im Mund, Erregungszustände, Halluzinationen mit Tobsuchtsanfällen, Krämpfen. Die zunehmende Bewußtlosigkeit geht in einen narkoseähnlichen Schlaf über. Tod durch Atemlähmung. Bereits 3–4 der kirschenähnlichen, verlockenden Beeren können für Kinder tödlich sein. Für Erwachsene werden 10–20 Beeren als tödliche Dosis angegeben.

Literaturhinweise

AICHELE/SCHWEGLER : Welcher Baum ist das? Kosmos-Naturführer, Stuttgart 1978.

AICHELE/SCHWEGLER: Was grünt und blüht in der Natur? Kosmos-Naturführer, Stuttgart 1981.

BOROS, G.: Unsere Küchen- und Gewürzkräuter, E. Ulmer Verlag, Stuttgart 1975.

BUFF, W. / VON DER DUNK, K.: Giftpflanzen in Natur und Garten, Augsburger Bücher Verlags GmbH, Augsburg 1981.

DÜLL, R.: Botanisch-Ökologisches Exkursionstaschenbuch, W. Braun-Verlag, Duisburg.

GÄBLER, H.: Arzneipflanzen in Medizin und Pharmazie, Verlag Müller und Steinicke 1982.

GESSNER/ORZECHOWSKI: Gift- und Arzneipflanzen von Mitteleuropa, C. Winter Universitätsverlag, Heidelberg 1974.

GUGENHAN, E.: Gewürzkräuter in Beet und Schale selbst gezogen, Kosmos-Florarium, Stuttgart 1979.

HAGERS Handbuch der Pharmazeutischen Praxis, 4. Aufl., 7 Bände, Springer Verlag, Berlin, Heidelberg, New York 1967–1979.

HEGI, G.: Illustrierte Flora von Mitteleuropa, Hanser, München, Parey, Berlin 1906–1983.

HESS, H. E./LANDOLT, E./HIRZEL, R.: Flora der Schweiz, 3 Bände, Birkhäuser Verlag, Basel und Stuttgart 1977.

HOPPE, H.: Taschenbuch der Drogenkunde, Walter de Gruyter, Berlin 1981.

KREMER, B.: Das Kosmos-Kräuterbuch, Kosmos-Verlag, Stuttgart 1981.

LAUNERT, E.: Der Kosmosführer: Wildkräuter, Kosmos-Verlag, Stuttgart 1982.

LAUX, H. E.: Wildbeeren und Wildfrüchte, Kosmos-Verlag, Stuttgart 1981

LAUX, H. und H. E. LAUX: Kochrezepte für Naturfreunde, Kosmos-Verlag, Stuttgart 1981.

OBERDORFER, E.: Pflanzensoziologische Exkursionsflora, E. Ulmer Verlag Stuttgart 1979.

PAHLOW, M.: Das große Buch der Heilpflanzen, Gräfe und Unzer Verlag, München 1979.

SCHMEIL-FITSCHEN: Flora von Deutschland, Quelle und Meyer, Heidelberg 1979.

SCHÖNFELDER, P. u. I.: Der Kosmos-Heilpflanzenführer, Kosmos-Naturführer, Stuttgart 1980.

SCHÖNFELDER-FISCHER: Welche Heilpflanze ist das? Kosmos-Naturführer, Stuttgart 1976.

Vorsicht Giftpflanzen!
Eine Fibel für Erwachsene und Kinder
Herausgeber: Ministerium für Arbeit, Gesundheit und Sozialordnung, Baden-Württemberg, Rotebühlplatz 30, 7000 Stuttgart 1

Register der Heilpflanzen

Achillea millefolium 107
Acker-Schachtelhalm 18
Acorus calamus 68
Agrimonia eupatoria 93
Agropyron repens 96
Alant 20
Allium cepa 128
Allium sativum 74
Althaea officinalis 40
Anis 21
Arctium lappa 73
Arctostaphylos uva-ursi 25
Arnica montana 23
Arnika 23
Artemisia absinthium 126
Artemisia vulgaris 29

Baldrian 27
Bärentraube 25
Bärlauch 26
Beifuß 29
Beinwell 30
Bellis perennis 48
Benediktenkraut 31
Bergwohlverleih 23
Betula pendula 32
Betula pubescens 32
Birke 32
Blaubeere 56
Blutwurz 33
Borago officinalis 35
Boretsch 35
Brassica nigra 111
Breitwegerich 114
Brennessel 36
Brombeere 38

Calendula officinalis 97
Capsella bursa-pastoris 60
Chelidonium majus 110
Cnicus benedictus 31

Crataegus laevigata 125
Crataegus monogyna 125

Dornige Hauhechel 52
Dost 39

Echte Goldrute 51
Echte Kamille 69
Echter Alant 20
Echter Dost 39
Echter Lavendel 77
Echter Salbei 102
Echter Thymian 117
Echtes Mädesüß 86
Eibisch 40
Eiche 41
Eingriffeliger Weißdorn 125
Enzian 49
Equisetum arvense 18
Faulbaum 42
Fenchel 44
Fichte 46
Filipendula ulmaria 86
Filzige Klette 73
Flachs 79
Foeniculum vulgare 44
Fragaria vesca 122
Frangulus alnus 42

Garten-Ringelblume 97
Gartensalbei 102
Gänseblümchen 48
Galium odoratum 124
Gelber Enzian 49
Gemeiner Beifuß 29
Gemeiner Beinwell 30
Gemeine Quecke 96
Gentiana lutea 49
Ginkgo-Baum 50
Ginkgo biloba 50
Goldrute 51

Große Brennessel 36
Große Klette 73

Hängebirke 32
Hauhechel 52
Heckenrose 53
Heidelbeere 56
Helenenkraut 20
Helianthus annuus 113
Himbeere 58
Hippophae rhamnoides 105
Hirtentäschelkraut 60
Holunder 61
Hopfen 63
Huflattich 64
Humulus lupulus 63
Hundsrose 53
Hypericum perforatum 66

Inula helenium 20

Johanniskraut 66
Juniperus communis 119

Kalmus 68
Kamille 69
Kardobenediktenkraut 31
Katzenkraut 27
Kleine Brennessel 36
Kleine Klette 73
Kleiner Odermennig 93
Klette 73
Knoblauch 74
Königskerze 76
Kranewitt 119
Küchenzwiebel 128

Lamium album 116
Lavandula angustifolia 77
Lavendel 77
Lein 79
Levisticum officinale 81
Liebstöckel 81
Linde 83
Linum ussitatissimum 79
Löwenzahn 84

Mädesüß 86
Maggikraut 81
Majoran 87
Mariendistel 89
Maßliebchen 48
Matricaria chamomilla 69
Melissa officinalis 90
Melisse 90
Mentha × *piperita* 94
Mistel 92
Moorbirke 32

Odermennig 93
Ononis spinosa 52
Oregano 39
Origanum majorana 87

Pfefferminze 94
Picea abies 46
Pimpinella anisum 21
Plantago lanceolata 114
Potentilla erecta 33
Prunus spinosa 108
Pulverholz 42

Quecke 96
Quercus petraea 41
Quercus robur 41

Reckolder 119
Ringelblume 97
Rosa canina 53
Rosmarin 100
Rosmarinus officinalis 100
Rottanne 46
Rubus fruticosus 38
Rubus idaeus 58
Ruhrwurz 33

Salbei 102
Salvia officinalis 102
Sambucus nigra 61
Sanddorn 105
Schachtelhalm 18
Schafgarbe 107
Schlehdorn 108
Schöllkraut 110

Schwarzdorn 108
Schwarzer Holunder 61
Schwarzer Senf 111
Senf 111
Silybum marianum 89
Solidago virgaurea 51
Sommereiche 41
Sommerlinde 83
Sonnenblume 113
Spierstrauch 86
Spitzwegerich 114
Stieleiche 41
Süßer Kümmel 21
Symphytum officinale 30

Taraxacum officinale 84
Taubnessel 116
Thymus vulgaris 117
Thymian 117
Tilia cordata 83
Tilia platyphyllos 83
Traubeneiche 41
Tüpfel-Hartheu 66
Tussilago farfara 64

Urtica dioica 36

Vaccinium myrtillus 56
Valeriana officinalis 27
Verbascum phlomoides 76
Viscum album 92

Wacholder 119
Wald-Erdbeere 122
Wald-Himbeere 58
Wald-Knoblauch 26
Waldmeister 124
Warzenkraut 110
Weißdorn 125
Weiße Taubnessel 116
Wermut 126
Windblumen-Königskerze 76
Wintereiche 41
Winterlinde 83

Zigeunerzwiebel 26
Zinnkraut 18
Zitronen-Melisse 90
Zweigriffeliger Weißdorn 125
Zwiebel 128

Register der wichtigsten Giftpflanzen

Aconitum napellus 138
Adonisröschen 135
Adonis vernalis 135
Aronstab 136
Arum maculatum 136
Atropa belladonna 150

Bilsenkraut 137
Blauer Eisenhut 138

Colchicum autumnale 141
Conium maculatum 139
Convallaria majalis 142

Daphne mezereum 147
Datura stramonium 148
Digitalis purpurea 145

Eisenhut 138

Frühlings-Adonisröschen 135

Gefleckter Aronstab 136
Gefleckter Schierling 139
Goldregen 140

Herbstzeitlose 141
Hyoscyamus niger 137

Kellerhals 147

Laburnum anagyroides 140

Maiglöckchen 142

Nerium oleander 143
Nicotiana tabacum 149

Oleander 143

Papaver somniferum 146

Ricinus communis 144
Rizinus 144
Rosenlorbeer 143
Roter Fingerhut 145

Schlaf-Mohn 146
Schwarzes Bilsenkraut 137
Seidelbast 147
Stechapfel 148
Sturmhut 138

Tabak 149
Tollkirsche 150

Virginischer Tabak 149

Weißer Stechapfel 148
Wunderbaum 144

Zehrwurz 136

Register der Rezepte für Gesundheit und Schönheit

Bäder
Acker-Schachtelhalm-Vollbad 19
Baldrian-Vollbad 28
Fichtennadel-Vollbad 47
Kamillen-Vollbad 71
Lavendel-Vollbad 78
Melissen-Vollbad 91
Rosmarin-Vollbad 101
Thymian-Vollbad 118

Gesunde Ernährung
Brennessel-Suppe 37
Fichtensprossen-Honig 47
Frühjahrskräutermix 48
Hagebutten-Mark 55
Huflattich-Frühjahrskur 65
Löwenzahn-Honig 85
Mixgetränk 91
Sanddorn-Gelee 106
Schlehen-Holunder-Marmelade 109
Schlehenmus 109
Spitzwegerich-Honig 115

Kräuterkosmetik
Brennesselhaarwasser 37
Dampfgesichtsbad 72
Huflattich-Haarspülung 65
Johanniskrautöl-Packung 67
Kamillen-Rosmarin-Dampfgesichtsbad 72
Kosmetiköl 72 und 78
Pfefferminz-Mundwasser 95
Rosmarin-Gesichtsmaske 101
Salbei-Gesichtsdampfbad 104
Salbei-Haarspülung 104
Thymian-Gesichtsdampfbad 118
Thymian-Gesichtsmaske 118
Thymian-Gesichtswasser 118

Öle und Salben
Johanniskraut-Öl 67
Klettenwurzel-Öl 73
Ringelblumen-Kräuteröl 98
Ringelblumen-Salbe 98
Schnupfensalbe 88

Säfte
Brennessel-Saft 37
Himbeer-Saft 59
Holunder-Saft 62
Hustensaft 47
Löwenzahn-Saft 85
Sanddorn-Saft 106

Sirupe
Himbeer-Sirup 59
Huflattich-Hustensirup 65
Knoblauch-Sirup 75
Spitzwegerich-Sirup 115
Wacholder-Sirup 120
Zwiebel-Sirup 129

Schnäpse, Weine, Liköre
Anis-Likör 22
Bärlauch-Schnaps 26
Blutwurz-Schnaps 34
Blutwurz-Wein 34
Melissen-Wein 91
Rosmarin-Wein 101
Salbei-Wein 104
Wacholder-Schnaps 120
Wermut-Wein 127

Kräuter-Tees
Acker-Schachtelhalm-Tee 19
Alant-Tee 20
Anis-Tee 22
Arnika-Tee 24

Baldrian-Tee 28
Bärentraubenblätter-Tee 25
Beifuß-Tee 29
Benediktenkraut-Tee 31
Birkenblätter-Tee 32
Blutwurz-Tee 34
Boretsch-Tee 35
Brennessel-Tee 36
Brennesselwurzel-Tee 37
Brombeerblätter-Tee 38
Dost-Tee 39
Eibisch-Tee 40
Eichenrinden-Tee 41
Enzianwurzel-Tee 49
Faulbaumrinden-Tee 43
Fenchel-Tee 45
Fenchel-Zwiebel-Tee 129
Frühjahrskur-Tee 123
Goldrute-Tee 51
Hagebutten-Tee 55
Hauhechel-Tee 52
Haustee 59
Heidelbeerblätter-Tee 57
Heidelbeer-Früchte-Tee 57
Himbeerblätter-Tee 59
Hirtentäschelkraut-Tee 60
Hopfen-Tee 63
Holunderblüten-Tee 62
Huflattich-Tee 65
Johanniskraut-Tee 67
Kalmus-Tee 68
Kamillen-Tee 70
Kernles-Tee 55
Klettenwurzel-Tee 73
Königskerzenblüten-Tee 76
Lavendelblüten-Tee 78
Leinsamen-Tee 80
Liebstöckelwurzel-Tee 82
Lindenblüten-Tee 83
Löwenzahnkraut-Tee 85
Mädesüß-Tee 86
Majoran-Tee 88
Mariendistelfrüchte-Tee 89
Melissen-Tee 91

Mistel-Tee 92
Odermennig-Tee 93
Pfefferminz-Tee 95
Queckenwurzel-Tee 96
Ringelblumen-Tee 98
Rosmarin-Tee 101
Salbei-Tee 103
Schafgarben-Tee 107
Schlehenblüten-Tee 109
Spitzwegerich-Tee 115
Taubnessel-Tee 116
Tee zum Gurgeln 104
Wald-Erdbeerblätter-Tee 123
Waldmeister-Tee 124
Thymian-Tee 118
Wacholderbeeren-Tee 120
Wermut-Tee 127
Zwiebel-Fenchel-Tee 129

Tinkturen
Arnika-Tinktur 24
Baldrian-Tinktur 28
Blutwurz-Tinktur 34
Brennessel-Tinktur 37
Pfefferminz-Tinktur 95
Salbei-Tinktur 103

Umschläge und Wickel
Arnika-Umschlag 24
Acker-Schachtelhalm-Umschlag 19
Beinwell-Umschlag 30
Kamillen-Umschlag 71
Leinsamen-Umschlag 80
Senf-Brustwickel 112

Verschiedenes
Fichtennadel-Franzbranntwein 47
Kamillen-Aufguß 71
Kamillen-Inhalation 71
Kamillen-Kräuterkissen 71
Kamillen-Rollkur 70
Thymian-Kräuterkissen 118
Wacholderbeeren-Kur 120
Wacholder-Spiritus 120

(a) Gekielter Lauch *Allium carinatum* L., Fam. Liliengewächse *(Liliaceae)*. Mehrjährige Pflanze von 30–60 cm Höhe. Blätter flach, undeutlich rinnig, höchstens 1 cm breit. Scheindolde fast immer mit Brutzwiebeln, manchmal sogar blütenlos. Nur im Süden, sonst sehr selten. Meist auf Kies- und Lehmböden. Blüten VI–VII. Vgl. auch 54(k) und 144(b).

(b) Knäuel-Glockenblume *Campanula glomerata* L., Fam. Glockenblumengewächse *(Campanulaceae)*. Mehrjährige Pflanze mit aufrechtem, unverzweigtem Stengel, etwa 30–60 cm hoch. Untere Blätter am Grunde abgerundet oder fast herzförmig, gestielt. Mittlere Blätter lanzettlich, sitzend. Blüten in endständigen Knäueln. Kronen blau. Zerstreut auf trockenen Wiesen, Trockenrasen und an Gebüschsäumen. Blüten VI–IX. Vgl. 152(b).

(c) Nesselblättrige Glockenblume *Campanula trachelium* L., Fam. Glockenblumengewächse *(Campanulaceae)*. Mehrjährige Pflanze mit aufrechtem, unverzweigtem, scharfkantigem Stengel, etwa 60–100 cm hoch. Blätter eiförmig, grob gesägt, gestielt, wechselständig. Blütenkronen blaulila. Blüten gestielt, aufrecht oder abstehend. Verbreitet bis zerstreut in Gebüschen, an Schlägen und Säumen. Blüten VII–VIII. Vgl. 152(b).

(d) Kanadische Goldrute *Solidago canadensis* L., Fam. Korbblütengewächse *(Asteraceae)*. Mehrjährige, kräftige Pflanze von 50–250 cm. Stengel dicht abstehend, kurzhaarig, aufrecht, unverzweigt, zäh. Stengelblätter dichtlaubig, gesägt. Blüten in kleinen Köpfen, diese zahlreich in dichtblütigen Rispen mit bogig überhängenden Ästen. Eingeschleppt aus Nordamerika. Blüten VII–X.

(e) Blauer Eisenhut, Sturmhut *Aconitum napellus* L., Fam. Hahnenfußgewächse *(Ranunculaceae)*. Mehrjährige Pflanze bis etwa 150 cm Höhe. Blätter handförmig gelappt oder geteilt. Blüten helmförmig, in dichten endständigen Trauben. Formenreich. Die Abbildung zeigt eine der zahlreichen Garten-

varietäten, die gelegentlich als Zierpflanze kultiviert werden. Blüten VI–VIII. Vgl. auch 88(c).

(f) Echtes Seifenkraut *Saponaria officinalis* L., Fam. Nelkengewächse *(Caryophyllaceae)*. Ausdauernde Pflanze von 30–70 cm Höhe mit aufrechtem, feinflaumigem Stengel. Blätter elliptisch bis lanzettlich, kreuzgegenständig, dreinervig, fast kahl, mattgrün. Blüten bis 30 mm breit, in Scheindolden büschelig an den Enden von Seitenzweigen. Krone weiß, blaßrosa oder rötlich. Zerstreute bis verbreitete Art auf Bahndämmen und Kiesbänken. Blüten VI–IX. Arzneipflanze.

(g) Graukresse *Berteroa incana* (L.) DC., Fam. Kreuzblütengewächse *(Brassicaceae)*. Ein- oder zweijährige Pflanze von 30–60 cm Höhe mit aufrechtem, beblättertem Stengel. Stengel und Blätter graugrün, mit Sternhaaren dicht besetzt. Kronblätter weiß. Schötchen elliptisch. Verbreitet bis zerstreut an ruderalen Standorten, meist auf Sandböden. Blüten VI–X.

(h) Weg-Malve, Kleine Käsepappel *Malva neglecta* WALLR., Fam. Malvengewächse *(Malvaceae)*. Ein- bis mehrjährige Pflanze mit liegendem oder aufsteigendem Stengel, etwa 15–50 cm hoch. Stengelblätter gelappt; Lappen grob gezähnt. Blüten büschelig in den Blattachseln. Kronblätter etwa 1 cm lang, rosa oder weißlich, tief ausgerandet, etwa doppelt so lang wie der Kelch. Verbreitet bis häufig an Äckern, in Gärten, Weinbergen und an Wegrändern. Blüten VI–X. Vgl. auch 110(f) und 160(f).

(i) Taubenkropf *Cucubalus baccifer* L., Fam. Nelkengewächse *(Caryophyllaceae)*. Mehrjährige Pflanze mit ästigem, klimmendem, meist kurzflaumig behaartem Stengel, etwa 60–120 cm hoch. Ziemlich brüchig. Blätter spitzeiförmig. Blüten grünlich, nickend, mit auffallend weitem, glockigem Kelch. Blütenstand sehr locker. Zerstreut bis selten in Auengebüschen, Schleiergesellschaften der größeren Flußtäler. Blüten VII–IX.

(j) Knotiger Storchschnabel *Geranium nodosum* L., Fam. Storchschnabelgewächse *(Geraniaceae)*. Mehrjährige Pflanze, etwa 30–50 cm hoch. Blätter handförmig gelappt; Lappen ziemlich groß, lanzettlich, stark gesägt, dunkel geadert. Blüten 20–25 mm breit, hellpurpurn, mit violetter Aderung. Stengel an den Knoten etwas verdickt, angedrückt behaart. Pflanze mit Ausläufern. Nur im Mittelmeergebiet, manchmal auch als Zierpflanze. Blüten VI–VII. Vgl. auch 118(a).

(k) Raps, Kohlrübe *Brassica napus* L., Fam. Kreuzblütengewächse *(Brassicaceae)*. Ein- oder zweijährige Pflanze mit aufrechtem Stengel, meist etwa 100–140 cm hoch. Alle Blätter bläulich bereift. Untere Blätter schwach behaart, die oberen oft stengelumfassend und kahl, ganzrandig oder seicht gebuchtet. Blüten in verlängerten Trauben; Kronblätter viel länger als die Kelchblätter, sehr lang genagelt. Meist als Öl- und Futterpflanze angebaut. Blüten V–IX.

(l) Breitblättrige Wolfsmilch *Euphorbia platyphyllos* L., Fam. Wolfsmilchgewächse *(Euphorbiaceae)*. Einjährige Pflanze von 25–60 cm Höhe. Blätter wechselständig, sitzend, hellgrün, unterseits zerstreut behaart, lanzettlich, kurz zugespitzt, ganzrandig. Scheindolden 3- bis 5strahlig; Drüsen rundlich oder oval. Zerstreut an Ruderalstandorten. Fehlt im Norden. Blüten VII–VIII.

Verkleinerte Probeseite aus dem großen Naturführer „Das Kosmosbuch der Wildpflanzen" von Roger Phillips (Kosmos-Verlag, Stuttgart).

Schönfelder/Schönfelder

Der Kosmos-Heilpflanzenführer

Europäische Heil- und Giftpflanzen

Immer mehr Menschen erinnern sich wieder der heilenden Kräfte der Natur. Heilpflanzen spielen hier eine besondere Rolle. Dabei muß man sie nicht unbedingt selbst sammeln, denn mehr als 20 Prozent der käuflichen Arzneimittel enthalten pflanzliche Wirkstoffe. Dieser Naturführer beschreibt alle heute noch bei uns verwendeten europäischen Heilpflanzen, nennt ihre Drogen, die wichtigsten Inhaltsstoffe, Wirkungen, Anwendungen und ihre Fertigpräparate. Schließlich zeigt der Band auch wichtige Giftpflanzen, in einem eigenen Abschnitt sind die gefährlichsten Giftfrüchte zusammengestellt. Der Naturführer ist nach einfachen Bestimmungsmerkmalen gegliedert.

Erstmals werden all diese Arten in charakteristischen Farbfotos dargestellt. Die Abbildungen auf der Randleiste knüpfen an die Tradition der mittelalterlichen Kräuterbücher an. Mit dem praktischen Kosmos-Farbcode!

277 Seiten, 537 meist farbige Abbildungen, 277 historische Holzschnitte.

In Ihrer Fach/Buchhandlung!

FRANCKH
KOSMOS
Verlagsgruppe · Stuttgart

NATUR (VER) FÜHRER

Laux/Laux
Kochrezepte für Naturfreunde
Wildgemüse, Wildfrüchte, Würzkräuter
In über 170 Rezepten wird beschrieben, wie man Salate, Frucht-
säfte, Marmeladen und Weine zubereiten bzw. herstellen kann,
welche Würzkräuter man selbst ziehen kann und wie man sie
verwendet.
158 Seiten, 179 Farbfotos.

Hans E. Laux
Wildbeeren und Wildfrüchte
170 Arten in Farbe
Dieser Naturführer hilft, die mitteleuropäischen Arten sicher
zu bestimmen und gibt dem Beeren-, Pilze- und Kräutersamm-
ler nützliche Hinweise.
191 Seiten, 221 meist farbige Abbildungen.

Bruno P. Kremer
Das Kosmos-Kräuterbuch
Erkennen – Sammeln – Aufbewahren
Ein schöner Band, der das nötige Wissen zum Erkennen,
Sammeln, Aufbewahren und Anwenden dieser segensreichen
Naturgaben vermittelt!
256 Seiten, 319 meist farbige Abbildungen, 11 historische
Illustrationen.

Laux/Laux
Kochbuch für Pilzfreunde
Pilzgerichte das Jahr hindurch. Sammeln und Zubereiten
„... Eine köstliche Auswahl..."   (Süddeutscher Rundfunk)
158 Seiten, 184 Farbfotos.

In Ihrer Fach/Buchhandlung!
Wir halten einen ausführlichen Pro-
spekt für Sie bereit. Bitte anfordern!